Herderbücherei

Band 1343

Über das Buch

Ein geheimer Überdruß, das Gefühl, entfremdet und wurzellos zu sein, durchzieht das Leben der meisten Menschen und ist manchmal sogar die Ursache für nachhaltige seelische Störungen. In diesem Mißbehagen merken wir, daß wir die Verbindung zu dem Wurzelgrund in uns verloren haben. Auf dem initiatischen Weg können wir zurückfinden in unser Selbst und uns damit Zugang zu Lebenssinn und zu neuen Quellen der Daseinsfreude erschließen. Karlfried Graf Dürckheim und Maria Hippius haben diesen Weg gefunden und gelehrt. Ihre Erfahrungen weiterführend, hat der Autor ganz einfache Übungen entwikkelt und erprobt, die dem Leser schließlich das Gefühl tiefer Geborgenheit schenken. Die Heimat, die wir insgeheim suchen, liegt in uns selbst.

Über den Autor

Rüdiger von Roden. Jahrgang 1955. Schüler und Mitarbeiter von Professor Dr. Karlfried Graf Dürckheim und Dr. Maria Hippius, Todtmoos-Rütte. Durch seine vielbeachteten Seminare zu Meditation und Selbsterfahrung hat er sich bereits einen Namen gemacht. In der Herderbücherei sind bisher erschienen: „Heilwerden durch sich selbst" (Band 995) und „Aus DIR mach WIR" (Band 1147).

Rüdiger von Roden

Sich selbst
zur Heimat werden

Übungen aus der
initiatischen Therapie
von Karlfried Graf Dürckheim

Vorwort
Wladimir Lindenberg

Herderbücherei

Originalausgabe
erstmals veröffentlicht als Herder-Taschenbuch

Buchumschlag: Walter Emmrich

Die Abbildungen entstanden nach
Photographien aus der Sammlung AVA.

© Verlag Herder Freiburg im Breisgau 1987
Herder Freiburg · Basel · Wien
Herstellung: Freiburger Graphische Betriebe 1987
ISBN 3-451-08343-4

Vorwort

Es gibt im Leben Augenblicke, da sich ein begeistertes „Ah" unserer Brust entringt. Plötzlich stehen wir vor einer faszinierenden Landschaft, vor einem majestätischen Himmel, oder Gebirge, oder einem herrlichen Gebäude, oder gar einem schillernden Insekt oder einer zauberhaften Blume, und unsere Seele, die all diesen Erscheinungen verwandt ist, verwandelt sich in Freude.

Gleiches geschah mir, als ich das neue Buch von Rüdiger von Roden „Sich selbst zur Heimat werden" in meinen Händen hielt. Bücher sind lehrreich, anregend, amüsant … aber es gibt Bücher, die einem zum Freund und Lebensbegleiter werden, die man nicht aus der Hand gibt, und die mit einem wachsen und reif werden. Wann man sie auch aufschlägt, überraschen sie einen mit neuen Gedanken.

Dieses Buch ist ein Vademecum zur Meisterung des Lebens, zur Innensicht und Meditation. Seine Sprache ist klar und einfach, und so sind seine Gedanken. Es führt uns auf den inneren, den „initiatischen" Weg. Der Autor ermutigt uns, diesen Weg zu beschreiten.

Am Ende des Lesens legt man dieses Buch aus der Hand, um wieder mit dem Lesen zu beginnen.

Wladimir Lindenberg

Meinen verehrten Lehrern

Karlfried Graf Dürckheim
Hugo M. Enomiya-Lassalle
Maria Hippius - Gräfin Dürckheim
Wladimir Lindenberg
Jutta Wrede

sowie allen Freunden,
Partnern und Mitmenschen,
namentlich Annemarie Faust,
Christel und Jo Hasler,
Ingrid von Heiseler
und Hartmut Rosen.

Zu den Bildern

„Alles Sichtbare ist ein in Geheimniszustand
erhobenes Unsichtbares."
Novalis

Die Bilder im nachfolgenden Text sind aus Beobachtun-
gen von Spuren im Eis entstanden. Ein Freund hat sie
während einer Winterwanderung aufgenommen. Eine ge-
frorene Wasserfläche offenbarte Strukturen des Lebens,
wie sie ähnlich auch in den Zeichnungen der Zen-Meister
auftreten. Für uns sollen die Bilder Zeichen sein, Hinweise auf innere Bewegungen und Bewegtheiten, und auf-
fordern, selbst ähnliches und anderes zu erkunden und
auszudrücken.

Inhalt

III. „Meditation"

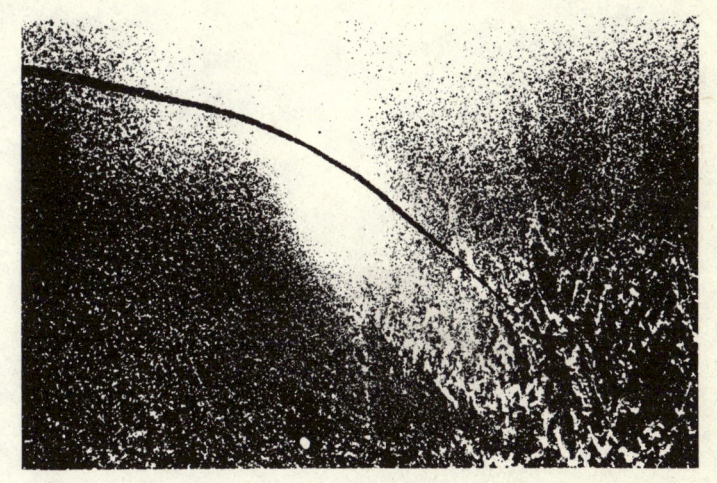

I

„ALLTAG"

„... nachdem der kleine Prinz lange über den Sand, die Felsen und den Schnee gewandert war, geschah es, daß er endlich eine Straße entdeckte. Und die Straßen führen alle zu den Menschen. ,Guten Tag', sagte er.
Da war ein blühender Rosengarten.
,Guten Tag', sagten die Rosen. Der kleine Prinz sah sie an. Sie glichen alle seiner Blume.
,Wer seid ihr?' fragte er sie höchst erstaunt.
,Wir sind Rosen', sagten die Rosen.
,Ach!' sagte der kleine Prinz.
Und er fühlte sich sehr unglücklich. Seine Blume hatte ihm erzählt, daß sie auf der ganzen Welt einzig in ihrer Art sei. Und siehe! da waren fünftausend davon, alle gleich, in einem einzigen Garten!
Sie wäre sehr böse, wenn sie das sähe, sagte er sich. Sie würde fürchterlich husten und so tun, als stürbe sie, um der Lächerlichkeit zu entgehen. Und ich müßte wohl so tun, als pflegte ich sie, denn sonst ließe sie sich wirklich sterben, um auch mich zu beschämen.
Dann sagte er sich noch: Ich glaubte, ich sei reich durch eine einzigartige Blume und ich besitze nur eine gewöhnliche Rose. Sie und meine drei Vulkane, die mir bis ans Knie reichen und von denen einer vielleicht für immer erloschen ist, das macht aus mir keinen sehr großen Prinzen.
Und er warf sich ins Gras und weinte."

Antoine de Saint-Exupéry

Eine merkwürdige Geschichte

Grenzenlos fließt der Fluß, wie er fließt.
Rot blüht die Blume, wie sie blüht.

Kuo-an

In Japan, dem Land der stillen Künste, der todesmutigen
Kamikazeflieger und des geheimnisvollen *Zen* erzählt
man sich viele Geschichten. Eine davon handelt von einem Mann, dem in seiner Jugend die Berge noch Berge
und die Flüsse noch Flüsse waren. Mit den Jahren des Äl-
ter- und Erwachsenwerdens aber verlor sich dieses einfache, vorbehaltlose Erschauen seiner Welt. Nun – so wird
gesagt – waren ihm die Berge nicht mehr Berge und die
Flüsse nicht mehr Flüsse. Und erst im Alter, nach langen
Studien und ausschweifendem, leidvollem Leben rundete
sich der Kreis: Die Berge waren ihm wieder Berge und die
Flüsse wieder Flüsse geworden.

Eine merkwürdige Geschichte! Was hat sie uns mitzu-
teilen? Ist sie nur den östlichen, näher an der eigenen In-
nenwelt und dem Bilderreichtum der Seele lebenden
Völkern verständlich? Können denn wir, die vernünftigen
und erwachsenen Menschen der westlichen Hochkultur,
überhaupt etwas damit anfangen? – Und in welchem Zusammenhang steht ein solches Gleichnis mit den Gesetz-
mäßigkeiten der Lebensbejahung und der Selbst-Verwirklichung, um deren Verständnis es uns hier geht?

Die Antworten auf diese Fragen liegen in uns. Wir können das unmittelbar erfahren, wenn wir uns gleich hier
einmal auf eine kurze Übung einlassen.

Zuvor jedoch noch ein Hinweis zum Umgang mit den
Übungen:

Gehen Sie schrittweise vor! Halten Sie bei jeder Pause
inne, um den Übungsanweisungen nachzukommen. Folgen

Sie den Anweisungen, auch dann wenn Ihnen etwas nicht gleich verständlich ist. Spüren Sie gut in sich hinein, und nehmen Sie sich anschließend den betreffenden Text noch einmal vor.

Bedürfnisse erspüren. Ich schließe meine Augen und spüre in mich hinein. – – Mein Atem fließt ruhig und gleichmäßig … aus … und ein … und aus … und ein … – – – Ich lasse mich ganz auf das gleichmäßige Fließen meines Atems ein. – – In die zunehmende Ruhe und Gelöstheit hinein stelle ich mir nun einige Fragen: … *Was ging in mir vor, als ich dieses Buch, in dem ich nun gerade lese, zum ersten Mal in meinen Händen hielt? … Warum habe ich es erworben? …* – Ich versuche meine Motive deutlich zu erfassen. – Wo liegen meine besonderen Interessen? … Gibt es Themen, Engagements, Probleme in meinem Leben, bei denen mir die Arbeit mit diesem Buch helfen könnte? … Was erwarte ich von den folgenden Übungen? … Bin ich bereit, mich auch *praktisch* darauf einzulassen? – Oder möchte ich mich zunächsteinmal nur über neue Möglichkeiten der Selbsterforschung und Persönlichkeitsentfaltung informieren? … Was brauche ich? … – – – Ich spüre den Antworten nach, als wenn sie Teilchen eines Bildes wären, das ich nach und nach zusammenlege. Ich kenne weder sein Motiv noch seine endgültigen Ausmaße. Aber ich möchte es zu einem Ganzen zusammenfügen und suche nun wie bei einem Puzzle nach den Steinchen, die eventuell zueinander passen könnten.

Bereits dieses einfache In-Sich-Hineinhorchen erweitert unser Erleben. Wir gelangen auf eine andere Ebene, werden gelöster und offener. Die Vernunft gibt ihre Vorherrschaft über uns auf. Wir haben unsere Aufmerksamkeit vertieft, indem wir in uns hineinspürten.

Auch wir haben etwas verloren

In solch einem Zustand läßt es sich leichter fragen, was wir brauchen, warum wir uns mit meditativen beziehungsweise therapeutischen Verfahren beschäftigen.

Wir erhalten eine Antwort, indem wir noch einmal die Augen schließen und uns auf die Geschichte vom Mann und den Bergen und den Flüssen einlassen.

Persönliches auf die Geschichte übertragen. Ich lasse in mir noch einmal die Geschichte erstehen: ... Kindheit ... Berge, die wie Berge sind ... Flüsse ... – – älter-, erwachsenwerden ... nach und nach verändern sich „Berg und Fluß", also meine Weise, die Dinge um mich her, die anderen Menschen und mich selbst zu erfahren. Ich entferne mich von meinem Ursprung ... alles wird fremd ... – Ich leide ..., gehe durch die Höhen und Tiefen meines Lebens ..., kämpfe um Macht und Besitz ..., werde darüber alt und hart, einsam und vieler Illusionen ledig ... – bis die Welt mit ihren „zehntausend" Dingen[1], sinnlichen Reizen, Interessen, Trieben langsam von mir abfällt ... und sich vor meinem inneren Auge das ursprüngliche Einssein der Schöpfung neu offenbart: ... die Berge werden mir wieder Berge und die Flüsse wieder Flüsse ...

Wenn wir diesen Bildern in uns nachgehen, stellen wir fest, daß sie sich uns umso klarer offenbaren können, je mehr wir uns nicht nur mit dem Kopf, sondern zudem noch mit Leib und Seele daran beteiligen. – Das ist gemeint, wenn wir von einem ganzheitlichen Erleben sprechen.

Und damit kommen wir wieder zurück auf unsere anfängliche Frage nach dem *Sinn* unserer Geschichte. Betrifft sie nicht auch uns, unser alltägliches Leben? Sind nicht auch wir – aus welchen Gründen auch immer – aus einer ganzheitlichen, der Spontaneität und Einfachheit näheren Weise zu leben herausgefallen?! – Und verspürt nicht jeder von uns hier und da die Ahnung einer möglichen Freiheit und Leichtigkeit, eines Glücks, das uns vielleicht ein wenig von der Last des Alltags abnehmen könnte?! – Rührt nicht uns alle zuweilen das offene und freie Wesen der Kindheit – in uns oder in unseren Kindern – ganz merkwürdig an?!

Da ist etwas Verborgenes, vielleicht auch Verschüttetes, von dem uns scheinen mag, es sei ein neuer, anderer Mensch in der Tiefe unserer selbst, der darauf wartet, geboren, wiederentdeckt zu werden.

Die direkte Erfahrung der Wahrheit

Von altersher haben sich die Menschen darum bemüht, diesem Kernbereich auf die Spur zu kommen. Sie gaben ihm viele Namen, faßten ihn in psycho- und theologischen, philosophischen, natur- und sozialwissenschaftlichen Begriffen. Man sprach vom Unbewußten, von Sein und Sinn, von Gruppengeist und ethischer Instanz, dem Nichtberechenbaren und Unendlichen, dem *Kleinsten gemeinsamen Vielfachen* oder dem Größten Geheimnis des Lebens. Jedem dieser Begriffe entspricht ein eigener Weg, der zur Essenz des Bezeichneten führen und die direkte Erfahrung der Wahrheit hinter allen diesen Worten vermitteln soll.

Der Arzt und Seelenführer Wladimir Lindenberg versteht ihn als den *wichtigsten Weg,* den Weg zu sich selbst, der, da dieses Selbst ein Kind Gottes sei, identisch ist mit dem Weg zu Gott[2].

– Hier wird etwas zusammengefügt, was doch in den traditionellen Anschauungen anscheinend auseinanderklafft. Während die Aufgabe, den Weg zu Gott zu weisen und zu bewahren, seit je den Religionen vorbehalten war, fällt „das Selbst" in den Fachbereich Philosophie oder ist allenfalls noch der Psychologie zuzuordnen.

Hier stehen sich Gott und Mensch gegenüber. Auf der einen Seite scheint uns eine äußere Macht die Fäden des Lebensspieles zusammenzuhalten, auf der anderen strebt das Menschenwesen zwischen Geburt und Tod zur eigenen Macht- und Willensentfaltung. Die Trennung von Geist und Stoff, Himmel und Erde, Gott und Selbst durchzieht unser ganzes Leben. Wir bemerken heute immer mehr, daß beide Positionen in ihrem Kampf um das *alleinige* Recht die Substanz des Menschlichen vermindern.

Das für jeden einzelnen von uns spürbare Resultat ist der Verlust an *Boden*. Wir haben keine Heimat mehr, in der wir geistig gründen könnten.

Der Glaubensüberschwang ist in der kurzen Zeit seit dem Sieg der Aufklärung über das „Nur"-subjektive ins andere Extrem umgeschlagen. Die Auswirkungen der allgemeinen „Gottlosigkeit" spüren wir am stärksten in uns selbst: es ist die *Ichhaftigkeit,* die nichts anderes mehr kennt als sich sebst. So fühlen wir uns zwar befreit von dem Druck eines stetiges Werden fordernden „*Über-Uns*". Doch sind wir damit auch unseres wahren Selbstes ledig – „selbst-los", verstanden als Verarmung unserer eigenen inneren Tiefe.

Die „Elefanten" schlafen noch

Was ist zu tun? Wie können wir uns verhalten, angesichts des seelischen Notstands unserer Zeit? Es scheint, als würde in der Welt des 20. Jahrhunderts die Entfremdung eskalieren. Nie waren uns die *Berge* so fremd wie heute, obschon (weil?!) auf fast jeder Anhöhe ein Aussichtsturm steht oder doch zumindest menschliche Tatkraft die Zeichen ihres Eroberungswillens hinterlassen hat; wie unsere *Flüsse* sind wir erstarrt in Gift und Unrat, begradigt, ausgetrocknet – existentielles Ödland. Vor lauter künstlichem Licht sehen wir die Sonne nicht mehr.

Doch sie scheint uns noch. Hinter den Wolken des

Nichtwissens[3] wohnt eine Kraft, die ausreicht, alles *Eis* der Welt in einen Sturzbach des Lebens zu tauen.

„Ströme lebendigen Wassers"[4] verspricht die Bibel denen, die den *Geist* empfangen haben, das *Hagion Pneuma,* aus dem die Heiligen und Berufenen, die „Christen"[5] wirken.

Doch neben seiner reinigenden, heiligenden Bedeutung symbolisiert das Wasser auch die Kraft des Unbewußten. Wer sie ahnungslos herausfordert, kann von einer *Sintflut* tiefenseelischer Bilder und Gestalten wahrhaft *überschwemmt* und hinweggerissen werden.

Besonders die ersten, vielleicht noch zaghaften Bemühungen um Selbsterkenntnis und Individuation rufen die unbewußten Kräfte auf den Plan. Bisher schlummerten sie ungestört und „in aller Seelenruhe", waren gleichsam noch eingenebelt in das Nicht-Wissen eines sich allein um die Äußerlichkeiten des Lebens sorgenden Ichs.

Doch mit zunehmender Erforschung der Persönlichkeit weitet sich auch der Kontakt zur Tiefe. Was dann *nach oben* dringt, kann zunächst derart überraschend, faszinierend oder erschreckend sein, daß das Bewußtsein überwältigt wird. Dann wird eine *Erfahrung* verspielt, die dem vorbereiteten Ich Licht für den Weg hätte bringen können[6].

Schuld sind nicht die schlechten Zeiten

Wir alle kennen Situationen, in denen unsere Launen oder Stimmungen mit uns durchgehen. Es ist dann, als wären wir „mit dem verkehrten Fuß aufgestanden", hätten „zuviel" oder „zu wenig" geschlafen; oder aber ein anderer habe es auf uns „abgesehen", eine „wunde Stelle" angerührt oder uns einfach nur – „gemeinerweise" – herausgefordert. Andere wieder geben zu bedenken, die Menschen seien schlecht, vielleicht gehe es ihnen aber auch „zu gut", nein, die Arbeitslosigkeit sei schuld, sie hätten nicht genug zu tun, man sei unausgefüllt – und dennoch letztlich „überfüllt" von Ersatzinhalten.

Doch wie immer die Gründe und Entschuldigungen für unsere sogenannten Fehlleistungen, Charakterschwächen, Neurosen, Ticks und Verhaltensstörungen auch lauten mögen – in jedem Fall ging ihnen ein unerkannter Anstoß voraus.

Da wurde auf irgendeine, zunächst nicht näher durchschaubare Weise die Seele getroffen. Der *Anstoß* mag tatsächlich von außen gekommen sein, auch wenn es vielleicht nicht allein die schlechten Zeiten, sondern – weniger allgemein – eher das direkte, alltägliche Geschehen um uns herum war. Der erwartete und nicht eingetroffene Brief, ein sentimentales Fernsehstück, das fremde Gesicht eines Passanten ... – alles kann längst Vergessenes neu in uns aufwirbeln, ein „Knöpfchen" drücken, und wir springen an, vollautomatisch, wie ein Videogerät. Was dann an Gestalten und Gestaltungen über unseren inneren Bildschirm huscht, hat mit der objektiven Wirklichkeit nichts zu tun – wohl aber mit der subjektiven, der unseres eigenen Erlebens.

Hier zu erkennen und auseinanderzuhalten, was *„meines"* und *„deines"* ist, erfordert große Wachheit und die Bereitschaft, sich immer wieder im Urteil über die Außenwelt zurückzunehmen – bis sich geklärt hat, ob sie uns tatsächlich so meinte, wie wir uns von ihr angesprochen glaubten.

Unterscheidung für Gemeinsamkeit

Immer dort, wo uns die Klarheit der Unterscheidung gelingt, sind wir dem Einswerden mit uns selbst und dann auch der möglichen Begegnung mit dem *außer-uns* nicht mehr fern.

Es sind nicht allein die problematischen Bilder und Stimmungen, die uns verknoten. Beginnen wir mit den ganz normalen Gegenständen unseres Alltags, und befreien wir sie von der Last der Begrifflichkeit.

In gesunden Abstand kommen. Ich wähle einen beliebigen Gegenstand aus meiner Umgebung als Meditationsobjekt. – – – Ich schaue mir dieses „Ding" aufmerksam an. – Was ist es? ... Welche Namen, Bezeichnungen, Bedeutungszusammenhänge gebe ich ihm? ... An was erinnert es mich? ... – – – Ich schließe meine Augen und spüre in mich hinein. – Ich versuche, mir ein möglichst umfassendes Spür-Bild von meinen Leibgrenzen zu machen, spüre bis unter meine Haut. – – – Nun richtet sich mein Augenmerk darauf, in mir noch ein paar Eindrücke über den eben angeschauten Gegenstand zu erhaschen. – Ich verzichte dabei auf jede Wertung, werde mir einfach und vorbehaltlos aller Bilder, Gedanken, Begriffe bewußt, die mir zu diesem Gegenstand in den Sinn kommen. – – – Dann fasse ich mit einer weiten, inneren Bewegung all diese in mich „eingedrückten" Bilder, Bezeichnungen, Begriffe, Behauptungen zusammen und forme sie mit meinen inneren Händen zu einer kleinen geballten Kugel. – Diese Essenz meiner Eindrücke halte ich fest umschlossen. – – Damit habe ich die Zerstreuungen in mir zusammengefaßt. Nun versuche ich noch einmal, die Grenzen meines Leibes zu erspüren. – – – Fühle ich noch die Kugel in meinen inneren Händen? – *Ich lasse sie los!* – Wie tief auch immer ich habe loslassen können – nun öffne ich wieder meine Augen und schaue *aus meiner Tiefe* noch einmal auf den Gegenstand meiner Wahl. *Dabei bleibe ich bei mir!* Sobald ich bemerke, daß ich dieses angeschaute Gegenüber begrifflich erfassen will, verzichte ich darauf. Ich lasse der Welt ihre Besonderheit, indem ich mir meiner selbst bewußt bleibe. – – – Aus dieser gesunden Distanz heraus kann ich nun mit dem Gegenstand Kontakt aufnehmen. – Wie sieht er aus? ... Wie fühlt er sich an? ... Läßt er sich schmecken, tasten, riechen? ... – Ich ergründe seine Beschaffenheit.

Wir sehen, es geht nicht allein darum, uns der unangenehmen oder erinnerungsträchtigen Inhalte des Unbewußten bewußt zu werden. Noch die kleinste Begebenheit, jeder Augenblick birgt die Gefahr, uns von uns selbst abzubringen. Bevor wir Gott und der Welt, den Menschen und auch uns selbst wirklich begegnen können, müssen wir lernen zu differenzieren, auseinanderzuhalten und zu trennen, was nicht zusammengehört.

Meinungen, Anschauungen, Behauptungen, Vorurteile, Wünsche, Hoffnungen, Sehnsüchte, Versprechungen, Verirrungen, Entgleisungen, Bilder, Vorstellungen, Gefühle, Verbindungen, Beziehungen ... – worin auch immer wir uns, oft über viele Jahre hinweg, verwoben haben, – es braucht seine Zeit, uns wieder zu uns selbst kommen zu lassen. Wir müssen es *immer wieder neu* wagen, in die Einsamkeit der Seele einzudringen und zu spüren, was *wirklich* ist: Unser Sein, dieses halb ahnende, tastende, immer ein wenig ungewisse Spüren unserer Lebendigkeit in diesem unseren Leib mit seinen Begrenzungen.

Nur aus unserem Sein heraus – aus dem, der wir sind – können wir zum Außen du sagen und ihm als Partner gegenübertreten.

Meinten wir im Vorangegangenen, es gehe um Sonderung, so hatten wir dabei im Sinn, die unterschwelligen und halbbewußten Zusammenhänge zwischen Innen und Außen aufzudecken. Wir wollen zu uns selbst finden, indem wir die *wesentlichen* Unterschiede zwischen uns und „dem Anderen" – das heißt hier: dem, was wir *nicht* sind – herausarbeiten.

Diese Besinnung auf das Grundlegende impliziert weder Weltflucht noch eine Verschleierung soziokulturell bedingter Mißstände. Sie greift tiefer als manch schnelles Handeln, packt an die Wurzeln und zieht heraus, was,

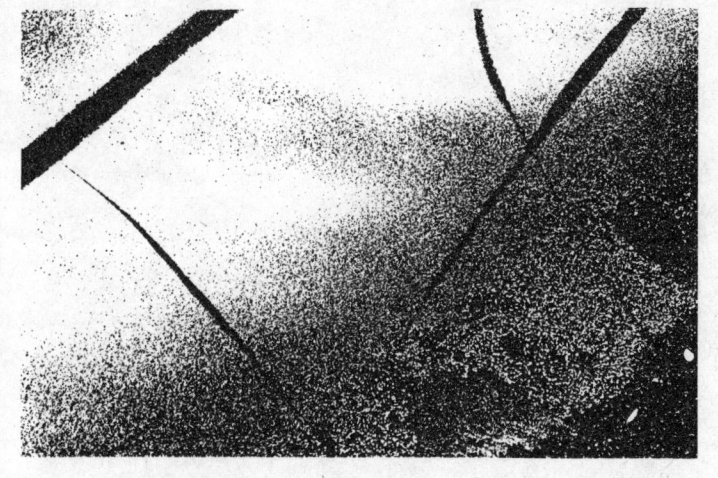

faulend und krank, dem allein auf die Auswüchse gerichteten Blick verborgen geblieben ist.

Sicher, das gesellschaftliche Sein bestimmt unser Bewußtsein. Aber bedingt nicht auch unser Bewußtsein das *Wie*, *Was* und *Wozu* unseres Seins?! – Wo die sozialen Verhältnisse individuelles Wachstum verhindern, sollte eingegriffen werden – wenn sich die Betroffenen zugleich der Wandlung aussetzen und bereit sind, die in ihnen selbst wirksamen, psychischen Anteile des Un-Heils zu hinterfragen.

Wie eine Insel im Ozean

Mir träumte, daß ich ein Schmetterling sei.
Nun weiß ich nicht mehr genau,
bin ich ein Mensch, der träumt,
er sei ein Schmetterling,
oder bin ich ein Schmetterling, der träumt,
er sei ein Mensch.

Dschuang Dse

Nicht allein das Profane kann uns verknoten. Auch im Schönen noch lauert ein Widerhaken darauf, sich in unser Innenleben zu schlagen, sobald wir unaufmerksam sind.

So sehen wir vielleicht ein Blatt im Wind, doch statt uns davon *anrühren* zu lassen, fliegen unsere Gedanken mit ihm davon; Schneeflocken vor unserem Zimmerfenster werden zu einem Gedicht der Traurigkeit; im Gottesdienst *hören* wir zwei, drei Worte, könnten durch sie geöffnet werden – und denken schnell weg; durch ein kleines Lächeln zeigt sich in unserem Partner der Mensch, doch uns erinnert es nur an die letzte gemeinsame Nacht.

Hinter allem wirkt das Eine, klingt an als das numinose, stillwebende Geheimnis, dringt unvermittelt durch die

Alltagsnebel, um uns einen Schimmer von Wahrheit vor das *innere Auge* zu führen. – Doch meistens halten wir es geschlossen.

Zwar mögen wir in besonderen Stunden gewahrwerden, daß hier das Leben selber spricht, aber im Grunde wissen wir nichts mit seiner Botschaft anzufangen. Es ist zu groß, zu gewaltig, als daß unser kleines Ich ihm mit Freude begegnen könnte.

Eine „normale" Reaktion darauf ist das *Abtun;* „Keine Sentimentalitäten!" heißt hier das Ent-Zauberwort. Wir lassen unter den Tisch fallen, was sich nicht in die Schubladen der gewohnten Wahrnehmung pressen läßt.

Damit ergeht es uns jedoch kaum anders als jenen, die, im Bannkreis psychosozialer Projektionen gefangen, immer wieder vor sich selbst davonlaufen. Auch die „realitätsbewußte" Nüchternheit der sogenannten Aufgeklärten ist oft nur eine große Flucht. Wir träumen, denken, phantasieren, weinen, lachen, projizieren und leiden an uns selbst oder der Welt, dem Schönen oder dem Dunklen, an zuviel „Liebe" oder der Einsamkeit – und alles nur, um nicht anzuschauen, was ist; wir flüchten vor der Wirklichkeit, weil ihre Vorboten – die Äußerungen unserer Tiefe – uns fremd und bedrohlich erscheinen. So setzen wir uns ins Glashaus des Rationalen, kategorisieren, zirkeln, experimentieren und glauben, damit Sinn schaffen, „Land gewinnen" zu können.

Doch alle Mühe ist ein Nichts, gegen dieses *Nahezu-Alles,* das da in uns wirkt: unser „Unter"-Bewußtes. Wir nennen es so, weil wir so gerne glauben möchten, wir ständen über ihm. Doch es ist ein Teil von uns und zwar – neben dem mit *Ich* identifizierten Bewußtsein – der weitaus größere.

Immer wieder werden wir überschwemmt von ihm, wie eine kleine Insel im Meer. Am deutlichsten wird das jedem

von uns Nacht für Nacht: da holt es uns heim in die Un-
endlichkeit unseres Ursprungs; da lösen sich die in den
Alltag gekeilten Grenzen zwischen Tag und Nacht und
dir und mir. – Wer sagt uns, daß nicht *das* die wahre Wirklichkeit sei?

Es ist so schwer zu akzeptieren, daß unsere einzige
Chance, der Wirklichkeit bewußt zu werden, darin liegt,
der Tiefe entgegenzugehen, einzutauchen in die Fluten
des Unbewußten und sich mit den Lebewesen dort unten
vertraut zu machen, ja, sich mit ihnen anzufreunden.

Sie sind nur so lange „schrecklich", „unannehmbar",
„böse", als sie uns im Nacken sitzen und ungesehen vor-
antreiben. – Ein Blechbüchsen hinter sich herschleifender
Hund jagt sich selbst zu Tode. Wir haben die Freiheit und
das Bewußtsein, stehenzubleiben und dem „Grauen" ins
Auge zu schauen.

Ein Weg zu uns selbst

Damit wir nicht von all diesen uns bedrohenden „*Was-
sern*" hinweggeschwemmt werden, wollen wir ein ausge-
leuchtetes „*Flußbett*" benutzen: den *initiatischen* Weg.

Die Initiatische Therapie wurde nach Ende des zweiten
Weltkrieges von Karlfried Graf Dürckheim und Maria
Hippius begründet und wirkt heute in zunehmendem
Maße auf die Entwicklung des sogenannten *Neuen* –
ganzheitlichen – *Menschen* ein.

Initiatisch kommt vom lateinischen „initiare", was umschrieben werden kann mit „Das Tor zum Geheimen öffnen"[7]. Wir ahnen vielleicht bereits, daß das Wort
„Geheimnis" dasselbe meint wie der Begriff *Kind Gottes*
Wladimir Lindenbergs[8]: es ist der Mensch selbst, in seiner

Tiefe. – Was hat es nun auf sich mit einer initiatischen Therapie? Will nicht jeder zu sich selber finden? Hilft nicht alle Therapie, das Geheimnis des Menschseins zu lüften?

Es gibt gravierende Unterschiede. Bevor wir uns jedoch Beispiele anschauen, sollten wir einmal kurz innehalten und uns einige Erfahrungen mit der sogenannten Schulmedizin und -heilkunde vor Augen führen.

Behandlung inbildlich fassen. Ich schließe die Augen und spüre in mich hinein. – – Irgendwo in meinem Leib lokalisiere ich eine Stelle, die einmal einen Krankheitsherd beherbergte und durch eine normale medizinische Behandlung kuriert wurde. – – – Nachdem ich eine Weile in dieses ehemalige Kranksein meines Körpers hineingespürt habe, lasse ich nun noch einmal die damalige Behandlungssituation vor meinem inneren Auge erstehen. – ... Wie sieht der Raum aus, in dem ich mich nun, als Patient, befinde? ... wie fühle ich mich in dieser Rolle? ... Kann ich das Gesicht meines Behandlers erkennen? ... Sagt er etwas? ... Was tut er? ... Ich stelle mir die Behandlungssituation noch einmal in all ihren Einzelheiten vor. – – – Wie geht es mir nun? – Ist mir geholfen worden? – Habe ich das Gefühl, *geheilt* zu sein? – – Ich gehe einfach und vorbehaltlos in mich hinein und registriere, ohne zu bewerten, was mir an Bildern, Erinnerungen, Gedanken einfällt. – – – Ich mache mir einige Notizen dazu und drücke aus, ob meine Erfahrungen als Patient im großen und ganzen befriedigend für mich waren oder ob vielleicht etwas gefehlt hat.

Wie man in den Wald hineinruft

Je nachdem, wie unsere Erfahrungen vorgeprägt sind, was wir als Kranke und Genesende durchlitten, erwartet und schließlich erlebt haben, wird sich unser *In-Bild einer Behandlung* positiv oder negativ färben.

Wo anders als in der *Heilkunde,* die *heilend* wirken, zum *Heil* führen soll, kann es deutlicher werden, wie nah oder fern wir der Ganzheit sind? Was keine andere *Wissen-*

schaft für sich beanspruchen kann, erklärt die Medizin: menschliches „Wissen" spricht von der *reparablen Funktion Leben.* Nirgendwo anders zeigt sich die Entfernung des Menschen von der Menschlichkeit klarer als hier, wo zugunsten einer „Objektivierung" des *Falles* das personale Subjekt zurückstehen muß. Der Mensch wird versachlicht, zum Versuchsobjekt, Klienten, Patienten oder Kunden des Dienstleistungsgewerbes Medizin. Er hat *nichts mehr zu lachen,* weil jede Emotion bereits die „Signifikanz der Diagnose" verfälschen und die logisch zu führende Konsequenz Heilung stören könnte.

Wohl kaum einer wird noch als der *behandelt,* der er – von seinem Wesen her – ist. – Doch es geht hier nicht darum, allein den Pragmatismus der Schulmedizin anzuklagen. Freilich wäre es für uns und die Welt, in der wir leben, wünschenswert, wenn auch die Medizin ein wenig mehr Tiefe bekäme und zu einer, der Ganzheit des Menschen aufgeschlosseneren Behandlungsweise (zurück-) finden würde. Anstatt immer neue Techniken, Pillen und Methoden an den Leidenden erproben und beweisen zu wollen – und damit im Grunde nur Symptome zu verlagern –, sollte es um den *Kern,* und damit um den Menschen gehen.

Doch bildet das Gesundheitswesen nur einen Bereich der Gesamtverwirrung, und es hat wenig Sinn, gerade hieraus etwas anzuprangern. Wir müssen bei uns selbst beginnen.

So wie man in den Wald hineinruft, schallt es zurück. Wenn wir uns der Medizin als *Objekte* darstellen, die etwas an sich in Ordnung gebracht haben wollen, und wenn wir behandelbar, handhabbar wie ein beliebiges Ding uns ergeben, dürfen wir uns nicht wundern, wenn uns dementsprechend begegnet wird.

Wir erschaffen uns die Wirklichkeit

Welche Möglichkeiten gibt es noch für den Einzelnen angesichts der stetig um sich greifenden Entmenschlichung? Die Technik horcht uns doch bereits bis in den letzten Winkel des Leibes, ohne daß dafür auch nur der kleine Finger einer Menschenhand uns noch berühren müßte.

Wieder einmal stehen wir wie gelähmt vor der „Schlechtigkeit" der Welt. Wie sollen wir etwas verändern, wo doch alles so *verkehrt* ist, so *übermächtig, gefühlsarm* und *sinnentleert?* – Doch wie wir in all den „verständlichen Reaktionen" auf Äußeres immer wieder auch unseren eigenen Schuldanteilen begegnen[9], so beschreiben wir mit jedem dieser Adjektive ein Stück weit uns selbst.

Vielleicht haben wir recht, und die Zeiten sind tatsächlich schlimm, die Umstände schlecht und die Pillen bitter. Umso weniger sollten wir, gerade als potentielle oder betroffene Patienten, vor unserer eigenen Verantwortung davonlaufen.

Probieren wir es doch stattdessen einmal mit einer, die Heilkunde selbst heilenden Entgegnung.

Sich Heilung schaffen. Ich beginne wie in der vorangegangenen Übung: ... Augen schließen ... in mich hineinspüren ... Krankes suchen ... Leiden finden ... – Wenn ich mir nun wieder die Situation der Behandlung vor mein inneres Auge führe, so setze ich in meinen Vorstellungsbildern sanfte Korrekturen ein. Ich belebe meine Behandlung mit positiven, erfreulichen, heilbringenden Eigenschaften. – ... Ich lösche die Neonlichter im Behandlungsraum und lasse die Sonne warm durch das geöffnete Fenster herein. ... Meinem Arzt zaubere ich ein Lächeln aufs Gesicht; ich glätte seine sorgenzerfurchte Stirn und lasse die freundlich gereichte Medizin bis in meinen Kern hinein wirken. ... – Ich erschaffe mir in meiner Vorstellung eine Situation, die alle Komponenten einer von mir mit Zuversicht erhofften Heilung in sich trägt.

Heilung entsteht im JA zu sich selbst, zur Welt und zum Leben. Jeder von uns trägt das Vermögen in sich, Samen der Veränderung zu legen. Beginnen wir: nicht erst morgen, sondern hier und jetzt. Wo in uns oder in unserer Nähe ist etwas krank, verloren, unverstanden? Gibt es einen Zweifel, den wir beheben, Verzweiflung, der wir neue Zuversicht entgegenbringen können? Wo wird unsere Liebe gebraucht, das JA zum Leben, mit dem wir heilen können, was gebrochen ist? – Auch das bescheidenste Pflänzchen noch findet seinen Boden, in den sich wurzeln und aus dem heraus sich wachsen läßt. An uns liegt es, sein Leben zu stärken. Aus vielen kleinen Setzlingen entsteht ein großer Wald.

Nicht alles trifft den Kern

Mit diesem Exkurs in die Welt der Vorstellung und ihre verwandelnde Kraft haben wir einen Eindruck davon bekommen, wie der *wichtigste Weg* für uns ausschauen könnte. Um ihn weiter beleuchten und ihm wirklich folgen zu können, ist es hilfreich, sein *Für* und *Wider* genauer zu betrachten.

Bleiben wir bei der Heilkunde und vergleichen wir ihre beiden Seiten miteinander. Auf der einen Seite – *hier* – ist es die initiatische Therapie, auf der anderen – *dort* – die *pragmatische*, der wir zum Beispiel in der Schulmedizin begegnen.

Dort wird der Mensch als ein Etwas behandelt. Seine vom Normalzustand abweichenden Symptome sind zu beseitigen. Er hat zu funktionieren wie ein gut geölter Motor. *Hier* werden die Leiden, Nöte und Krankheiten des Menschen als Ausdruck eines verschütteten und nach Beachtung ringenden Wesenskernes gesehen.

Dort verabreicht *man* Pillen, Medikamente oder psychologisch stützende bzw. verändernde Maßnahmen und Methoden, um den *Patienten* wieder auf die Beine zu bringen. *Hier* gibt sich der *Mensch im Arzt* einem anderen Menschen – dem *Schüler,* damit er lernt, „auf eigenen Beinen zu stehen", indem er ganzheitlich in sich nachvollzieht, daß er selbst (auch) sein Leib ist.

Dort bleibt man an der Oberfläche. *Hier* geht man in die Tiefe.

Stichwortartig die Unterschiede erfassen. Ich gehe noch einmal zurück, bis zu der Stelle, wo wir begannen, die Unterschiede zwischen initiatischer und pragmatischer Therapie zu besprechen. Zu jedem Punkt notiere ich mir jeweils ein Stichwort. – – – Ich halte die gesammelten Stichworte für die nächste Übung bereit.

Wir sehen, es gibt verschiedene Wege und Möglichkeiten, uns helfen zu lassen. Um uns entscheiden zu können, welche Richtung wir für uns in Anspruch nehmen wollen, ist es wichtig, die Unterschiede wirklich zu begreifen. Zunächst sind es nur Worte, mit denen wir umschreiben, was wir verstanden haben. Hinter jedem Verstehen gibt es jedoch auch ein Erfühlen, eine Art „Schmecken" des Bedeutungsgehaltes. Um *unserem* Geschmack auf die Spur zu kommen, wollen wir eine Technik zu Hilfe nehmen, die in der Psychologie als das „freie Assoziieren" bekannt ist. Dabei dürfen wir uns entspannen und unserem Verstand eine Ruhepause gönnen.

Worten auf den Kern kommen. Ich notiere mir am oberen Rand eines quergelegten DIN-A-4-Blattes hintereinander die in der vorangegangenen Übung gesammelten Stichworte. – – – Nun gehe ich jedes einzelne dieser Worte auf seine hintergründigen Bedeutungsgehalte durch. Ich lasse allen Gedanken, die mir zu diesem Wort einfallen, freien Lauf. – Nehmen wir zum Beispiel das Wort „Schüler". Was fällt mir dazu ein? Vielleicht sind es solche Assoziationen wie

„Lernen", „Aufstehen", „Pause", „Zensuren", „Strafe", „Freunde"
usw. usw. Ich schreibe alles auf. – – – Dann gehe ich zum nächsten
Wort über. – – – Ich habe nun zu allen Stichworten meine Einfälle
gesammelt und schaue sie der Reihe nach durch. Welcher der Einfälle sagt meinem Gefühl nach am treffendsten aus, was das Grundwort bedeutet? – Ich bezeichne diesen Einfall mit einem Plus. – –
Nun spüre ich zu dem Einfall, der am wenigsten bezeichnet, was das
Grundwort meiner Meinung nach aussagt (Minus!). – – In dieser
knapp bewertenden Weise gehe ich alle Grundworte durch.

Wir erkennen: nicht alles, was uns einfällt, trifft den
Kern. – Wodurch wird es uns eigentlich möglich, zu bestimmen, daß der Einfall dem ihm auslösenden Grundwort nähersteht als ein anderer?

Bereits beim Assoziieren der Einfälle war der Verstand
ja weitgehend ausgeschaltet. Wir ließen sie einfach so aus
uns herausprudeln, assoziierten frei. Auch ohne unser
überlegendes Zutun waren zumindest einige der Worte
durchaus sinnvoll. Als wir uns dann fragten, welcher der
Einfälle die Bedeutung des Grundwortes am treffendsten
umschreibt, kam die Antwort ebenfalls wieder spontan:
Eine Instanz in uns entschied sich, einem Einfall vor einem anderen den Vorrang zu geben.

Wir werden im folgenden noch ausführlicher auf diese
innere Stimme eingehen. Jetzt wollen wir sie eine Entscheidung darüber sprechen lassen, ob wir uns *wirklich*
auf *diese* Form der Übungen und *diesen* Weg zur Heilung
und Selbstverwirklichung einlassen möchten.

Wir wollen uns entscheiden

Für die nächste Übung benötigen wir wieder Stift und Papier.

Eine klare Entscheidung treffen. Ich schließe die Augen und richte mein inneres Augenmerk auf meine Füße. – Ich lasse mich ganz auf das Gefühl dort unten ein. – Ich stelle mir vor, daß ich ganz Füße werde. – – Nun richte ich mir auf einem quergelegten Din-A-4-Bogen zwei Spalten ein, die ich mit JA und NEIN überschreibe. – – – Ich erneuere wieder den Kontakt zu meinen Füßen. – Je mehr ich mich dort unten verwurzele, desto leichter fällt es, die verschiedenen, zu einer Entscheidung nötigen Punkte abzuwägen und zu einem der leib-geist-seelischen Ganzheit entsprechenden Ergebnis zu kommen. – – In die linke Spalte schreibe ich all das, was *für* die Weiterarbeit mit den Übungen spricht. – In die rechte Spalte gehört all das, was *dagegen* spricht. Dabei gehe ich wieder stichwortartig vor und lasse allen Gedanken zu der Frage „Weitermachen – Ja oder Nein?" freien Lauf. – Es hilft, wenn ich mir dabei vorstelle, von den Füßen her zu denken. – – – Ich habe jetzt meine Auflistung des Für und Wider dieses Weges abgeschlossen. Ich bewerte jeden dieser Einfälle mit einem bis sechs Punkten. – – – Nun zähle ich links und rechts die Punkte zusammen. Wo die höhere Zahl steht, finde ich das Ergebnis: JA oder NEIN. – – – Ganz gleich wie meine Entscheidung ausgefallen ist … – ich stehe zu ihr! – Gab es in der Spalte JA die höhere Zahl, so sollte ich die Übungen *jetzt* fortsetzen. Wenn ich mir nicht ganz sicher bin, kann ich morgen oder auch zu einem späteren Zeitpunkt diese Übung noch einmal wiederholen. – Das gilt – in umgekehrtem Sinne – selbstverständlich auch, wenn meine Rechnung NEIN ergeben hat. Dann sollte ich mit dieser Übung das Programm beenden. Falls ich es zu einem späteren Zeitpunkt noch einmal versuchen möchte, beginne ich wieder mit dieser Übung.

Eine wichtige Entscheidung für den Erfolg mit den Übungen ist die grundsätzliche Entscheidung, sich auch wirklich darauf einlassen zu wollen.

Ja zum JA sagen. Ich habe mich dafür entschieden, mit diesen Übungen weiterzuarbeiten, – ich schließe die Augen und spüre in mich hinein: „JA" – wie fühlt sich das an? – Ich tauche ganz ein in das Spüren des JA. – – Ich nehme mir viel Zeit für die Vorstellung, daß mein ganzer Körper von meiner Bejahung durchdrungen wird. – – – Ich werde JA. – – Ich sage JA zu mir.

Was für diesen Weg gebraucht wird

Nicht jeder ist dafür geeignet, diesen Weg zu gehen.

Graf Dürckheim und seine Mitarbeiter richten sich bei der Auswahl der Schüler und Klienten weniger nach objektiv festlegbaren Maßstäben. Das würde dem initiatischen Anspruch entgegenstehen, jedem Menschen als Einzelwesen zu begegnen. Nicht der Therapeut soll bestimmen, was für den Hilfesuchenden gut und richtig ist, sondern der Klient selbst gibt durch seine Entscheidung die Richtung und Beschaffenheit des ihm entsprechenden Weges an.

Um dem Interessenten jedoch die Entscheidung zu erleichtern, wollen wir noch einmal auf die bereits genannte Gegenüberstellung von initiatischer und pragmatischer Therapie zurückgreifen und daraus ein wesentliches Auswahlkriterium formulieren: Der Klient oder angehende Schüler sollte in sich eine Not oder ein Leiden spüren, dem durch die herkömmlichen Methoden nicht mehr – oder noch nicht – begegnet werden kann.

Es ist das Leiden an der Verdrängung des Wesens, des inneren, eigentlichen Menschen. Geht es noch darum, den äußeren Menschen mit seinen ichverhafteten Ängsten, Spannungen und Gebrechen und seiner auf Funktionstüchtigkeit in der Welt bedachten Sorg-falt[10] zu behandeln, fühlt sich die initiatische Therapie nicht zuständig.

Sie wendet sich vorrangig an die sogenannten Gesunden. Damit sind jene gemeint, denen *eigentlich* „nichts fehlt", das heißt, die vom grobstofflichen Standpunkt her in Ordnung oder doch zumindestens nicht behandlungsbedürftig zu sein scheinen. Herkömmliche Medizin, Psychologie und Beratung finden hier kein Betätigungsfeld. Die Not sitzt tiefer, als jede pragmatische Heilkunde zu reichen vermag.

Freilich schließt das nicht aus, daß der Betreffende wirklich krank ist. Vor und natürlich auch während aller Behandlung wird jedoch immer erst der in seiner Krankheit befangene Mensch gesucht, dieser Jemand mit *seinem* Krebs, *seiner* multiplen Sklerose oder *seiner* Manischen Depression. Wie steht er da mit seinem Leiden, wie geht er mit seinem Schmerz um? Welche Idee steckt hinter dem Wunsch, gesund zu werden? Wer oder was ist krank? – Alles Fragen, die zunächst im Gespräch abgeklärt werden müssen, bevor der Klient sinnvoll in den therapeutischen Prozeß eingeführt werden kann.

Oft weisen Ergebnisse aus der persönlichen Geschichte des Klienten auf Einschränkungen seiner psychischen Belastbarkeit hin. Dann wird zunächst auf die Einleitung von tiefenerarbeitenden Prozessen verzichtet. Für die Dauer des akuten Stadiums liegt das Schwergewicht der Therapie auf der Stützung und Stabilisierung der Persönlichkeit durch übende Methoden. Erst wenn diese Basis erarbeitet ist, kann die eigentliche initiatische Therapie einsetzen.

Früchte der „Vereinigung"

Die vom materialistischen Weltbild bestimmte pragmatische Therapie kann die Frage nach dem Sinn des Lebens nicht beantworten. Sie bietet die künstliche Nahrung aus chemischen Substanzen und Programme zur Verhaltensänderung und zur Wiederherstellung der Fähigkeit zu arbeiten und zu genießen.

Für das initiatische Verständnis gehört *religio* mit in die Therapie hinein. Der eigentliche Sinn des Wortes ist die *Rückbindung an den Ursprung.* Es genügt der initiatischen Therapie nicht, daß der Mensch einfach nur in der Welt funktioniert. Über das pragmatische Klarkommen hinaus soll es in die Tiefe des Erlebens gehen, hin zu einem Bereich, in dem sich der Mensch als eins mit sich selbst, mit der Welt und mit den anderen Menschen erfährt. – Jeder, der in die Abgründe seiner Seele hinabsteigt, nähert sich dem innersten Raum seiner selbst, darin er Anteil am Leben aller, ja, an der ganzen Schöpfung hat.

Wir wollen uns mit der folgenden Übung ein weiteres Bild davon machen. – *Legen Sie sich bitte Stift und Papier zurecht.*

Um das Innen schwingen. Ich stelle mir vor, ich stände am Ufer eines stillen blauen Bergsees. – Die Sonne scheint. Ich bin ganz ruhig und entspannt und genieße den Anblick der weiten, unbewegten Wasserfläche. – – – Auf einmal springt irgendwo in der Mitte des Sees ein Fisch. Seine Schuppen blinken für Momente im Sonnenlicht, und ehe ich seiner genauer gewahrwerden kann, ist er auch schon wieder hineingetaucht, in das unergründliche Dunkel des Sees. – Er hat jedoch deutlich sichtbare Spuren hinterlassen: Auf der Wasserfläche zeichnen sich nach außen weitende Kreise ab, wie sie etwa auch entstehen, wenn wir einen Stein in das Wasser werfen würden. – – – Nun öffne ich die Augen und zeichne auf dem Papier diese auseinanderstrebenden Kreise nach. – Während des Zeichnens spüre ich weiter in mich hinein. Ein Kreis legt sich um den anderen. – Ich stelle mir vor, daß meine Persönlichkeit in eben dieser Weise aufgebaut ist. Auch ich schwinge um einen inneren Kern, den Anfangspunkt meines Werdens, aus dem sich meine Alltags-, Lebens- und Freundeskreise entwickelt haben.

Der *Kern* ist sowohl in als auch außer uns. Er ist weder eins von beidem noch die Summe daraus. Dennoch sind Innen und Außen an seiner Entstehung beteiligt. Das ist durchaus *natürlich:* wo etwas Neues wächst, müssen zwei sich zuvor *vereinigt* haben.

Nehmen wir es gleichnishaft am Beispiel einer Pflanze und geben wir den beiden, an ihrer Entwicklung beteiligten Kräften Namen, so könnten wir sagen, hier hätte das *Irdische* mit dem *Atmosphärischen* zusammengewirkt und –

nach Keimen, Wachstum und Blüte – eine Frucht hervorgebracht. *Himmel* und *Erde* regen ihre Entsprechungen, die „himmlischen" und „irdischen" Anteile, im Inneren der Pflanze an, sich neu zu gestalten. Ein Nur-Äußeres, ihr Fremdes, könnte sie nicht annehmen. Damit sie etwas Eigenes werden und ihr Wesen zur Reife bringen kann, bedarf sie des „Ähnlichen", das heißt des ihr ursprünglich Zugehörigen, Angestammten[11].

Und so wie der Pflanze Himmel und Erde ähnlich sind, das Kind von Vater und Mutter abstammt und der *Mensch* seinen Ursprung in Gott hat, so ist der Kern die Frucht der Vereinigung von Innen und Außen.

Die andere Hälfte der Ganzheit

Alles hat mindestens zwei Seiten. Auf *uns* bezogen heißt das: Wir sind Körper *und* Geist; Welt und Wesen sind in uns vereinigt; wir wirken nach innen und nach außen; als *Menschen* sind wir sowohl „Mann" *und* „Frau"; ... – Wir sind eingebunden in diese alles umgreifende Zweiheit, wirken in ihr und werden durch sie bewirkt. Unser Leben ist ein Ganzes, das durch die Polarität seiner Erscheinungen getragen und verbunden wird.

Doch es ist selten, daß wir diese *Dual-Union,* das Zusammenwirken der sogenannten Gegensätze, auch spüren. Meist tendiert unser Werden dahin, jeweils nur eine Seite auszuprägen. So sind wir vielleicht mehr oder weniger „weltlich" eingestellt, „stehen unseren Mann" und erkennen uns in den materiellen Angelegenheiten. Die andere Seite jedoch ist damit nicht verschwunden. Zwar wurde sie zugunsten der einen vernachlässigt, doch wirkt sie nun „unterschwellig" weiter auf unser Verhalten und Erleben ein.

Man spricht in der Tiefenpsychologie vom Unbewußten, dem „Schatten", verdrängten Persönlichkeitsanteilen oder der Triebnatur des Menschen. Für uns ist wichtig, daß es einen Bereich in uns gibt, der nun unserem Bewußtsein mehr oder weniger unzugänglich ist. Um ihn uns zu erschließen, genügt zunächst eine Umschreibung durch das Begriffspaar *Hell-Dunkel*.

Hierzu ein Bild: Wir sind als „Kinder der Sonne" auf die licht- und wärmespendende Kraft des Hellen angewiesen und wollen darum dem Dunklen entfliehen. In dem Irrglauben, daß wir nur mit dem Lichten glücklich werden könnten, spalten wir uns von dem dunklen Teil unserer selbst ab. Wir bezeichnen dieses Andere als fremd und wollen es von uns entfernen. Doch alle Anstrengung bleibt vergebens. *Es* drängt sich uns in immer neuen Formen auf, verfolgt uns in Träumen und Träumereien, in Gedanken, Sehnsüchten und Phantasien, Worten, Taten und Krankheiten, bis es uns auch außen begegnet: Wir projizieren es auf alles, was wir nicht kennen[12] – und sehen schließlich nur noch *schwarz*.

Alles ist Teil unserer selbst. Nicht allein das Schöne, Gute und Lichte gehört zu uns, nein, auch Krankheit und Tod haben ihren Platz im Ganzen.

Aber als Repräsentant der Ganzheit fungiert in uns der Kern. Mit unserer Verwirklichung, d. h. der Kernung unseres Wesens, kommt auch die „andere Seite" zu ihrem Recht.

In Wahrheit ist das *Dunkle* kein Antipart des *Hellen*. Beide stehen sich nur solange wie einander ausschließende Gegensätze gegenüber, wie wir eines um des anderen willen abwerten. Wenden wir unseren Blick auch den dunklen Anteilen unserer selbst zu, wird geheilt, was zuvor gebrochen war: wir selbst.

Wachsend sich selbst erfahren. Ich nehme Stift und Papier zur Hand, schließe die Augen und spüre in mich hinein: – ... *Mein Atem fließt ruhig und gleichmäßig* ... – Mit jedem *Aus* verwurzele ich mich, immer ein wenig mehr, in meinem Unterbauch. – Ich stelle mir vor, daß ich dort unten tiefe, feste Wurzeln schlagen werde. – – – Nun setze ich den Stift am unteren Rand des Papiers auf und lasse meine Hand die im Bauch gespürten Wurzeln nachzeichnen: ... langsam dringt das lebendige Holz durch die Erde ... tritt hinaus, in die Welt ... wird zum Stamm ... und strebt wachsend weiter empor ... – Doch in diesem Prozeß – etwa in der Mitte des Zeichenblattes – stellt sich ein Hindernis in den Weg. – Ich deute es durch einen dikken, waagerechten Strich an, der nun das Wachstum meines Baumes hemmt. – – Mein Stift steht still, ich verharre, weiß nicht mehr weiter. Und doch spüre ich fordernd, ja, quälend den Drang in mir, emporzukommen. – Ich lasse den Stift weiterhin auf dem Papier (und falls sich der Spürkontakt zu mir als wachsendem Baum verringert hat, erneuere ich ihn wieder). Sodann stelle ich mir, bzw. diesem baumgleichen Geschehen in mir die Frage, wie es weitergehen soll. – Dazu fällt mir eine Antwort ein. Ich spüre ihr nach, führe sie aber noch nicht aus. – – – Wenn ich mir den Lösungsablauf *(was soll geschehen, in Anbetracht des Hindernisses?)* in allen Einzelheiten vorgestellt habe, gebe ich ihm nun durch meine zeichnende Hand auf dem Papier Gestalt. – – – Ich öffne die Augen und betrachte mein Bild.

Leben im Bewußtsein der Vergänglichkeit

Unser Vorgehen in der letzten Übung spiegelt unsere Art, mit Schwierigkeiten und Problemen umzugehen. – Sind wir dem Hindernis ausgewichen, darum herumgegangen, oder haben wir es durchwachsen? Ließen wir uns Zeit, spürend seine Aussagen und Hinweise zu erfassen, in uns einzulassen ... – oder nahmen wir einen Anlauf, um mit Gewalt hindurchzubrechen? Konnten wir ihm begegnen, oder haben wir es als lästig abgetan? ...

Nehmen wir diese Fragen wirklich ernst! Wie auch immer wir mit dem Hindernis vor *(in)* unserem Baum umgegangen sind, so können wir doch jetzt noch dazulernen, indem wir die Handlung in unserer Vorstellung vertiefend fortsetzen.

Mit dem Leiden ins Leben streben. Ich schließe wieder die Augen und folge in mir noch einmal dem Spürprozeß der vorangegangenen Übung nach: ... *Unterbauch...* *Wurzeln* ... und *Hindernis.* – Ganz gleich, wie ich eben noch mit diesem Hindernis umgegangen bin – ich begegne ihm nun mit wacher, geschärfter Achtsamkeit. – *Ich entschließe mich, voll und ganz darauf zuzugehen,* mich liebevoll und annehmend mit ihm zu beschäftigen und Möglichkeiten zu suchen, den Weg ins Licht *gemeinsam* mit ihm fortzusetzen.

Es gibt keine allgemeingültige Lösung. – Ein jeder wird seine eigene finden. Die Art und Weise, wie wir mit den Hindernissen umgehen, die sich uns in den Weg stellen, ist wichtig für die weitere Wanderrichtung. Wer den hier vorgestellten *Markierungen* weiter folgen will, sollte wissen, daß es „durch dick und dünn" geht. Er muß gleichsam „Vater und Mutter verlassen", wie ein Baum aus dem Urgrund empordringen und sich der Welt stellen „wie ein Mann"; er wird sich mit den Witterungen messen und von den Stürmen des Lebens biegen lassen. Doch wo die Pflanze bricht, im sonnenlosen Dunkel verkümmert, sich den Widerständen ergebend, da ist der Mensch weiterhin gefordert, vorwärtszugehen, einzudringen in die Nebel der Sinnlosigkeit, einsam zu dürsten nach Geborgenheit. Und selbst den in seine Krone einschlagenden Blitz der Verzweiflung gilt es anzunehmen und die Angst vor der Ungewißheit seines *Woher* und *Wohin* bis unter die dickste Rinde, in das tiefste Wurzelwerk zu durchleiden.

Es ist nötig, die Forderungen dieses Weges – *in* die Welt, *durch* sie hindurch und (vielleicht) *über* sie hinaus – in aller Schärfe zu erkennen. Denn nur, wenn wir ganz klar und illusionslos sehen, wie dunkel, grausam und gefährlich jeder Schritt auf ihm sein kann, werden wir mit der rechten Behutsamkeit auftreten. – Hier gilt das Bild von der abgründigen Tiefe rechts und links vom Weg. Und wer nicht achtgibt, stürzt ab.

Mit der Ächtung jeder Unaufmerksamkeit steigt die Achtung vor dem Leben. Nah von Vernichtung und Tod leuchtet uns die Gegenwart auf, werden wir in das *Jetzt* gefaßt, wie ein kostbarer Stein in sein Diadem.

Allein im Bewußtsein der Vergänglichkeit läßt sich jede Sekunde ewig leben. Nur wenn wir bereit sind, der größten Gefahr aufrecht zu begegnen, werden wir befähigt sein, auch in den kleinsten Banalitäten des Alltags noch das Wunderbare, Einmalige dieses Geschehens, das wir *Leben* nennen, zu erfassen.

Schmerzen – Gäste im Hause unserer Ganzheit

Der Balken in deinem Auge hindert dich am Sehen. *Du nimmst die Dornen in den Augen der anderen wahr und lenkst damit von dir selber ab.*
Erkenne zunächst den Balken in deinem Auge, denn nur so wirst du deinen Brüdern helfen können, sich von den Dornen in ihren Augen zu befreien.

Nach Matthäus 7.3–5

In der Auseinandersetzung mit den uns begegnenden Nöten, Widerständen und Hemmungen öffnen wir uns der Wahrheit, dem, was *wirklich* ist.

Das Bild dafür ist der in das Fleisch gedrungene *Pfeil*. Alles was uns geschieht, *trifft* – ob wir uns nun davon berühren, *betreffen* lassen oder nicht; es hat tiefgehende Wirkungen, auch wenn wir das vielleicht nicht immer erkennen können oder wollen, uns oft ängstlich, ignorant, hochmütig oder träumend abwenden oder die Realität mit einem Schleier aus Unbewußtheit einnebeln. Stellen wir uns jedoch dem Schicksal und schauen wir uns näher an, was es uns bringen, sagen will, so behalten wir den Überblick. So oder so werden wir *getroffen.* Doch wo wir es nicht wahrhaben wollen, *betäuben* wir lediglich den Schmerz; *lassen* wir uns jedoch *treffen,* so tut es zwar weh und reißt eine Wunde, doch sie kann ausbluten und wird schließlich verheilen. Wenn wir den Schmerz hingegen nicht wahrhaben wollen, kann er später einmal plötzlich mit großer Vehemenz aus dem Unbewußten, in das wir ihn verbannt haben, hervorbrechen.

Machen wir es an einer Körper-Übung deutlich, wie *ungeliebter* Schmerz den Haushalt der Seele stören kann.

Getroffen werden. Was geschieht, wenn ich mir den Kopf gestoßen habe? – *(Falls ich es nicht weiß, so haue ich meine Stirn, nicht zu stark, aber bestimmt, gegen den nächstbesten Mauervorsprung).* – – – Wahrscheinlich werde ich „Aua!" sagen, mir vielleicht auch noch schmerzlindernd die angeschlagene Stelle reiben – um jedoch alsbald meine Aufmerksamkeit etwas „Angenehmeren" (sprich: Annehmbaren) zuzuwenden.

Und tatsächlich werden wir wohl bald darauf auch unseren Schmerz *vergessen* haben.

Doch damit ist er nicht *verschwunden.* Später, möglicherweise erst nach Stunden, bemerken wir eine anschwellende Beule und in diesem Zusammenhang vielleicht auch noch den neuen Schmerz des Blutergusses. – Was ist geschehen? Nun, wir sind unaufmerksam gewesen und haben uns – folgerichtig – an etwas *gestoßen.* Anstatt jedoch dieser, uns „von außen" zugefügten *Kränkung* zu begegnen, wendeten wir uns ab und ließen dem Geschehen seinen Lauf.

Doch unser Innenleben läßt sich solche Ignoranz nicht lange gefallen; es reagiert *empört,* das heißt, es erhebt sich[13] gegen seine Vernachlässigung. Die Seele will gesehen werden. „*Ihr*" Schmerz soll nicht untergehen in der

Schmerzscheu unseres Ich, das nicht wahrhaben will, was sich seiner Un-aufmerksamkeit entgegenstellt.

Wenn diese Interpretation zutrifft, so müßte die rechtzeitige Auseinandersetzung mit dem erlittenen Schmerz die *Empörung* (sprich: Beule) unnötig werden lassen oder zumindest mildern.

Sich treffen lassen. Ich habe mir den Kopf gestoßen. – Anstatt jedoch dem Schmerz auszuweichen, gehe ich nun unmittelbar und voll in ihn hinein: Ich drücke die wehe Stelle *fest* gegen den Widerstand des angestoßenen Objektes ... und spüre noch einmal *in allen Einzelheiten* den Augenblick nach, als ich mich soeben verletzte.

Stellen wir uns den Hindernissen! Sie sind uns im Weg, damit wir an ihnen wacher werden. Auch mit steigender Konzentration und Aufmerksamkeit wird uns noch immer manch ein „Pfeil" treffen. Doch wir entgiften seine Spitze, wenn wir ihn empfangen, einlassen und bewirten wie einen guten Freund, als Gast im Hause unserer Ganzheit. – Er wird gehen, sobald es *für ihn* an der Zeit ist. Nur was vertrieben werden soll, will bleiben.

Es ist da und doch nicht da

Der große Pfad hat keine Tore,
tausende von Wege führen zu ihm.
Wenn einer durch dieses torlose Tor geht,
so wandert er frei zwischen Himmel und Erde.

Nyogen Sezaki

Finden wir wieder zurück zum Kern unserer selbst. – Das heißt, im Grunde haben wir ihn nie verloren. Ob wir in der Zwischenzeit nun über *Himmel* und *Erde*, *Freude* und *Leid*, *Licht* und *Finsternis*, *Ich* und *Du*, *Mensch* und *Pfeil* gesprochen haben – überall gibt es jenes Dritte, das in allem und jedem ist, ohne doch alles und jedes zu sein.

Es ist der Kern, das Nichtwandelbare, Bleibende, *Alpha* und *Omega,* der absolute Bezugspunkt allen Lebens, sein Ursprung und sein Ziel, die Quelle auf dem Weg zum Ozean. Es ist das in jedem von uns Verborgene, das sich zugleich überall und immer in allem offenbart.

Auch wenn wir es manchmal nicht sehen, so ist es doch *da.* Es ist *da,* so wie die Sonne *da* ist, immer, auch wenn sie sich einmal hinter den Wolken unserem Blick entzieht. Kommt aber Wind auf, so können wir bald sagen: Jetzt scheint sie wieder. – Doch hat sie jemals damit aufgehört?

Im Bild unserer *Inneren-Schwing-Übung* könnte das heißen: Bevor der Stein ins Wasser fällt, sind keine Kreise zu sehen. Und doch – es gibt sie; ihre Existenz ist bereits in dem Vorhandensein des Sees gleichsam im Keim enthalten. Und wie ein junges Leben der Welt erst dann seine Gestalt zeigt, wenn es aus dem Dunkel des Mütterlichen entlassen, d. h. geboren wird, so erlöst auch das äußere Ereignis – in unserem Beispiel: ein Stein – die Kreise aus dem Stadium des Möglichen und offenbart unserem Auge ihre Struktur.

Das *Wesen* ist da. Es ist *da,* und es ist doch nicht da. Es ist *in* uns, und es ist doch nicht in uns. Es ist *über* uns, und es ist doch nicht über uns. – *Es ist sowohl-als-auch und weder-noch – Mu*[14].

Die kreisenden Wellen – auch wenn sie sich unserer Wahrnehmung offenbaren – befinden sich weder *auf* noch eigentlich *in* dem Wasser selbst und sind doch sowohl das Wasser wie auch dessen Umwelt.

Auch wenn es uns scheinen mag, als blieben die Wellen nur auf der Oberfläche, so bewegen und berühren sie doch den ganzen See, die Atmosphäre über sich, die Welt – ja, sogar uns …

Einer inneren Spur auch außen folgen. Ich entzünde eine Kerze und schaffe mir eine ruhige, harmonische Atmosphäre. Bequem, doch mit aufrechter Wirbelsäule setze ich mich vor die Kerze und schaue in sie hinein. Ich bin gegenwärtig, *hier und jetzt,* in diesem Augenblick! – – – Wahrscheinlich bemerke ich nach einer mehr oder weniger langen Weile des Schauens, daß ich dabei ins Träumen geraten bin. – *Meine Aufmerksamkeit hat sich verselbständigt, ist abgeschweift in irgendwelche Vorstellungen, Bilder, Geschichten, die nun nicht mehr viel mit meinem momentanen So-Sein, – hier, in diesem Raum und* jetzt, *in diesem Augenblick – zu tun haben. – Doch die Wurzel meines jetzigen Abgelenktseins liegt dort, wo ich meine Gegenwart – das Hier und Jetzt – als solches bemerkt und mir noch keine weiteren Gedanken darüber gemacht habe. Wenn ich die Assoziationskette Stück für Stück, Bild für Bild, Assoziation für Assoziation zurückverfolge, gelange ich zum Beginn der Ablenkung, dem Quell meiner Gedanken.* – Ich lasse mich immer wieder neu, behutsam und einfühlend auf die Gegenwärtigkeit meines Erlebens ein. – *Mit dem ersten Gelingen dieses Michselbst-zurückbegleitens wird es leichter gehen. Mit jeder Wiederholung werde ich dieses Weges kundiger. Ohne es genauer beschreiben zu können,* weiß ich, *wie es geschieht,* daß sich die Gedanken wieder ihrer *Quelle annähern.* Ruhe und Gelassenheit nehmen zu. Ich komme mehr und mehr zu mir selbst. – – – Ich habe eine gute Weile lang diesen Weg von mir fort und wieder zu mir zurück verfolgt. Wenn ich nun wieder einmal bei mir selber angekommen bin, so bleibe ich dort. – – *Sehe* ich noch die Kerze? – Sie ist dort draußen, während ich von innen her auf ihr Licht schaue. – – Wie weit ist die Kerze von mir entfernt? – Ich spüre in diese Distanz zwischen mir und Kerze – *Innen* und *Außen* – hinein: *Dort* ist die Kerze und *hier* bin ich. – – Ich behalte dieses raumabschätzende Schauen bei … – *während* ich mir nun noch einmal *den Weg* vergegenwärtige, auf dem ich meine Gedanken zu mir selbst zurückgeführt habe. – Ich lasse geschehen, brauche nichts weiter zu tun, als einfach nur dieses *Wissen um den Weg* wieder in mir lebendig werden zu lassen – und es auf den Raum zwischen Selbst und Kerze anzuwenden. – – – Ganz langsam komme ich aus dieser Meditation heraus. – Sodann nehme ich ein Blatt Papier und viele bunte Stifte zur Hand. – Was ist bisher geschehen? … – Ich zeichne *es* auf. – – –

Wo der Mensch zu sich selbst zurückkehrt

„Es ist da und doch nicht da …" – in der Initiatischen Therapie geht es zunächst darum, in Kontakt mit diesem Kernbereich in uns selbst zu kommen, ihn innerhalb des therapeutischen Prozesses anzuregen, zu initiieren.

Der Arzt und Psychotherapeut C. G. Jung bezeichnete ihn als das *Selbst,* welches es im Laufe der Therapie zu verwirklichen gilt. Die Buddhisten nennen es die reine Leere. Andere Namen dafür sind das Absolute oder Transzendente, die Fülle, das Ganze, die Einheit, das Nichts. Meister Eckehart, ein christlicher Mystiker des Mittelalters, sprach vom *Pünktlein,* „worin die Selle zu sich zurückkehrt und sich findet und sich als ein Geschaffenes erkennt."[15]

Graf Dürckheim nennt es das *Wesen.* Es steht dem auf Ordnung, Sicherheit, Anerkennung usw. ausgerichteten *Welt-Ich* des Menschen gegenüber.

Welt-Ich und Wesen – diese Polarität ist grundlegend für das Verständnis des initiatischen Weges. Wir haben sie bereits des öfteren angedeutet. Kommen wir nun noch einmal auf den Vergleich von pragmatischer und initiatischer Therapie zurück.

Stichworte waagerecht setzen. Welches sind die gravierendsten Unterschiede zwischen initiatischer und pragmatischer Therapie? – – – Ich hatte mir auf S. 32 stichwortartige Notizen dazu gemacht. – Nun zeichne ich einen Kreis und unterteile ihn mit einem waagerechten Strich in zwei Hälften. – Am linken Ende des Striches trage ich meine Stichworte zur initiatischen Therapie und an seinem rechten Ende all das ein, was ich mir zur pragmatischen Therapie aufgeschrieben habe. – – – Ich halte dieses Blatt bis zur nächsten Übung bereit.

Zwischen Welt-Ich und Wesen

Der Mensch ist aufgespannt zwischen Himmel und Erde. Einerseits hat er den weltlichen Forderungen nach Durchsetzung, Leistung, Arterhaltung usw. zu genügen. Er muß sein Leben selbst in die Hand nehmen, es gestalten und sich in ihm bewähren. Andererseits jedoch ruft von innen her das Wesen, jener Teil in uns, der wir ganz und gar selber sind, ohne Masken, Rollen, Würden, ohne Schminke.

In dieser Spannung zwischen Welt-Ich und Wesen stehen wir.

Senkrecht durch den Kreis. Ich nehme das Blatt aus der vorangegangenen Übung zur Hand. – Ich durchtrenne den Kreis noch einmal, nun mit einem senkrecht von oben nach unten verlaufenden Strich. – Sein oberes Ende bezeichne ich mit dem Wort „Wesen" und sein unteres Ende mit „Welt-Ich". – – – Ich halte die Zeichnung für die nächste Übung bereit.

Welt-Ich und Wesen – es ist nicht genug, allein einer dieser Seiten gerecht zu werden. Jemand, der sich lediglich dem Welt-Ich verpflichtet fühlt, wird über kurz oder lang an der Vernachlässigung seines Wesens erkranken. Er verhärtet und verbraucht sich in dem gnadenlosen Kampf um die Werte des Materiellen: Wohlstand, Sicherheit, Anerkennung und wie sie alle heißen.

Doch es gibt nichts Feststehendes, absolut Gültiges auf dieser Welt. Früher oder später muß jeder von uns sterben. Was immer wir an sogenanntem Bleibenden erschaffen, wieviel Mühe wir uns auch geben, es beständig zu machen und gegen die Unbilden des Lebens zu feien – angesichts des Todes ist es doch vergebens.

Viele Menschen haben das bereits erkannt. Doch nicht wenige von ihnen schlagen auf der Suche nach einer besseren Welt Um- oder gar Irrwege ein. Anstatt sich mit den

Gegebenheiten auseinanderzusetzen – bzw. damit, was sie mit sich selbst machen, wie sie *nach innen* wirken – lehnt man sie völlig ab und widmet sich dem anderen Extrem. Einige wehren sich noch, werden kriminell oder versinken radikal im Chaos eigener unzulänglicher Persönlichkeitsreifung. Andere wieder wählen den Rückzug in die Passivität; sie flüchten ostwärts, in „indische" Abgeschiedenheiten anspruchsloser Selbstversenkung, in den Drogen-, Alkohol- oder Medikamentenmißbrauch, in tausenderlei Ersatzbefriedigungen oder in das Elend psychiatrischer Anstalten.

Wenn der Ruf des Wesens übermächtig wird und der Mensch, um ihm zu folgen, berufliche, soziale und alltägliche Verpflichtungen fahren läßt, kann eine der Folgen Krankheit sein. Hinter manchem Wahn, vielen Neurosen, den meisten Kopfschmerzen und wohl jeder der mittlerweile nahezu unzählbaren psychosomatischen Ausfallserscheinungen verbirgt sich eine Weltflucht aus Unvermögen, sich mit den Anforderungen der Realität wirklich, das heißt wesensgerecht auseinanderzusetzen[16].

Im Fadenkreuz der Ganzheit

Um gesund zu werden oder zu bleiben, müssen wir die Mitte wahren. Sie liegt *zwischen* den Extremen – *zwischen* Schwarz und Weiß, Freud und Leid, Trieb und Pflicht, *zwischen* Welt-Ich und Wesen. Je nachdem, ob es uns gelingt, die beiden Pole in uns in Einklang zu bringen, sind wir ausgeglichen oder gespalten, findend oder suchend, gesund oder krank, auf dem Weg oder verirrt.

Wir müssen die unterschiedlichen Strebungen, Erfordernisse, Aufgaben und Anlagen in uns zur Einheit zusammenfügen.

Sich in das Kreuz stellen. Ich lege das Blatt mit dem duchkreuzten Kreis aus der vorangegangenen Übung vor mir auf den Tisch. – – – Nun stelle ich mich aufrecht in den Raum, schließe die Augen und spüre in mich hinein. – Ich mache mir ein Innenbild von den Umrissen meines Leibes. Das gelingt mir leicht, wenn ich bei den Händen beginne, mich auf die *Haut* um meine Hände einspüre und dann Stück für Stück meiner Haut einfühlsam verfolge … – über die Handgelenke … Unter- und Oberarme … Schultern … Gesicht … Hinterkopf … Nacken … Rücken … Gesäß … Innenseite der Beine … Füße … Zehen … und hinauf, über Schienbein … Oberschenkel … Geschlecht … Bauch … Brust … Hals … zurück in die Arme … Hände … bis in die Fingerspitzen. – – – Wenn ich so der Konturen meines Leibes gewahrgeworden bin, öffne ich die Augen und betrachte die Zeichnung. Ich stelle mir vor, daß ich selbst, so wie ich jetzt im Raum stehe, mich in den durchkreuzten Kreis vor mir auf dem Tisch hineinlasse. Ich benutze dafür meine inneren Bild- und Bildekräfte. Wie ein Lichtbildprojektor seine Vorlage nach außen projiziert, so werfe ich mein inneres Bild von den Umrissen meines Leibes in den durchkreuzten Kreis. – Auch wenn es vielleicht nicht sogleich gelingt … – ich probiere es immer wieder. Damit bereite ich mich auf den letzten Schritt dieser Übung vor. – – – Ich setze mich vor die Zeichnung. Noch einmal erneuere ich den Spürkontakt zu meiner Haut. – – Nun zeichne ich die Umrisse meines Leibes aufrecht stehend in den durchkreuzten Kreis ein. – Es ist nicht nötig, darin künstlerischen Ansprüchen zu genügen. Wichtig ist nur, daß ich mein inneres Augenmerk darauf richte. Ich lasse meine Hand zeichnen, was ich spüre.

Der Mensch steht im Fadenkreuz der Ganzheit. Wenn wir in unserer Zeichnung einigermaßen auf die normalen Proportionen geachtet haben, wird auch unsere gezeichnete Gestalt ihre Mitte dort haben, wo sich die waagerechte mit der senkrechten Linie kreuzt. Dort ist *Hara,* die Erdmitte des Menschen[17].

Hier gilt es *einzuwurzeln,* immer wieder neu – solange wir auf dieser Erde, in diesem unserem Leib und mit dieser unserer Wirklichkeit leben.

Aus der Tiefe heraus können wir wachsen und uns nun mehr und mehr der Liebe in unserem Herzraum und schließlich auch dem „Geistigen" – *unserer Himmelsmitte –* öffnen.

II

„THERAPIE"

„,*... was heißt zähmen*?', fragte der kleine Prinz.
,Das ist eine in Vergessenheit geratene Sache', sagte der
Fuchs. ,Es bedeutet: sich vertraut machen.'
,Vertraut machen?'
,Gewiß', sagte der Fuchs. ,Du bist für mich noch nichts als ein
kleiner Knabe, der hunderttausend kleinen Knaben völlig
gleicht. Ich brauche dich nicht, und du brauchst mich
ebensowenig. Ich bin nur ein Fuchs, der hunderttausend
Füchsen gleicht. Aber wenn du mich zähmst, werden wir
einander brauchen. Du wirst für mich einzig sein in der Welt.
Ich werde für dich einzig sein in der Welt.'
,Ich beginne zu verstehen', sagte der kleine Prinz. ,Es gibt
eine Blume. Ich glaube, sie hat mich gezähmt.'"

Antoine de Saint-Exupéry

Die Begleitung auf dem Weg

„*Therapie*" – genau genommen handelt es sich um Hilfe, beziehungsweise im initiatischen Sinne um *Wegbegleitung*.

Begleitung meint etwas anderes als die (therapeutische) Anwendung von Behandlung. Es geht ihr vorrangig darum, den Deckmantel herkömmlicher Heilkunst zu lüften, die Patienten von ihrer nur scheinbaren, medikamentös oder apparativ herbeigeführten Symptomfreiheit zu befreien und sie zu ihrem selbstheilenden Wesenskern zurückzuführen[1]. Sie setzt zwei *Menschen* voraus – einen, der begleitet wird *und* sich begleiten läßt, und den anderen, der sich mit seinem Wissen und seinem Können – mit *Kopf, Herz* und *Hand* in die Begegnung hineingibt.

Wenn nun von *Weg*begleitung gesprochen wird, so in dem Sinne des *Begehens* eines Weges; man geht auf bereits Begangenem. Obwohl der Begleiter die nächsten Schritte auf dem Weg des Begleiteten aus eigener Erfahrung kennt (bzw. kennen sollte), handelt es sich beim Begleiten nicht um *Führung* oder gar „Ver-Führung", sondern um ein *Mitgehen*.

Hierin wurzelt auch die initiatische Bezeichnung – Schüler und Lehrer – für die Beteiligten. „Schüler" ist gemäß der etymologischen Grundbedeutung der „der Muße lebende Anhänger"[2] des „Lehrers", der „den rechten Weg wissend macht"[3]. Der Schüler soll lernen, seiner eigenen inneren Stimme zu folgen beziehungsweise sie zunächsteinmal zu vernehmen, um gemeinsam mit dem Lehrer die Hindernisse angehen zu können, die der Realisierung seiner Persönlichkeit im Lebensalltag entgegenstehen.

Dieser Prozeß von Lehren und Lernen setzt voraus, daß beide Beteiligten – Schüler und Lehrer – sich existentiell aufeinander einlassen. Wo nur einer oder vielleicht auch keiner von beiden so recht „dabei" ist, im Grunde keine Lust oder wenig Zeit hat, hin und wieder auf die Uhr schielt oder eigentlich etwas ganz anderes meint, als er sagt ... – ein solches Beisammensein ist keine initiatische Wegbegleitung!

Hierin ist zuerst natürlich der Lehrer angesprochen. Er hat als allererster die Verpflichtung, mit Leib und Seele auf seinen Schüler zu- und einzugehen und ihm mit seiner Präsenz ein aufrechtes Vorbild zu sein. Doch auch der Schüler muß zumindest *bereit werden,* sich dieser Überlegenheit des anderen zu öffnen, sie anzuerkennen und sich mehr und mehr zu dieser ihm entgegenkommenden Größe zu strecken. Er geht in die Begegnung als der hinein, der er ist, und verwandelt sich – in der Nach-folge – zu dem, der er sein soll.

Es ist hierbei ein wenig so, wie mit dem Esel, dem eine Möhre vor dem hungrigen Maul hängt. Er geht ihr nach, ohne nach links oder rechts zu sehen, und auch wenn er sie auf diese Weise nie erreichen wird, so kommt er doch voran.

Der Lehrer hat die Verantwortung für den Weg des Schülers. Er soll ihn durch sein Vorbild zum Vorwärtsschreiten anreizen, nicht aber ihm die Richtung angeben. Darüberhinaus hat der Lehrer die Verpflichtung, seinem Schüler voraus zu sein, doch nie zu weit; mitunter muß er zurückgehen, um scheinbar wieder *greifbar* zu sein – ohne sich jedoch völlig *begreifen* zu lassen. Denn dann hätte er seinen Auftrag verfehlt, der „Esel" wäre gesättigt, und nichts mehr könnte ihn zum Weitergehen bewegen.

Somit zeichnet sich die initiatische Wegbegleitung und Therapie durch eine „klienten"-[4] oder besser *begegnungszentrierte* Vorgehensweise aus. Im Mittelpunkt steht der Mensch, und zwar als ganzer, nicht reduziert auf die Objektivität seines Symptomes oder abstrahiert zum Gegen-

stand einer Idee und Theorie, für die er „passend"
gemacht, nach der er eingeordnet und behandelt
wird.

Dennoch gibt es auch bei der initiatischen Therapie
einige methodische Grundvoraussetzungen, die wir im
folgenden anhand von Beispielen aus der therapeutischen
Praxis vorstellen wollen.

Ein Blick in die Werkstatt

Da ist zunächsteinmal das von Maria Hippius entwickelte
Geführte Zeichnen.

Die erste Stunde beginnt in der Regel mit einem klären-
den, kontaktaufnehmenden Gespräch. Der Schüler, beziehungsweise der Klient, sitzt vor einem breiten Tisch
mit einem Stapel großformatiger Zeichenblätter; auf der
anderen Seite sitzt ihm der Therapeut gegenüber.

Nehmen wir an, die Sprache käme sogleich auf eine aktuelle Situation: Am Vormittag ist der Schüler einem
flüchtigen Bekannten begegnet, ein kurzer Wortwechsel,
oberflächlich, nichtssagend – aber mit einem heimlichen
Stich: „Du siehst heute aber gar nicht gut aus!"

Man bewahrte zunächst die Fassung: ... Von so einem
Menschen braucht man doch nichts anzunehmen! ... Der
hat doch selbst genug mit sich zu tun! ... Es lohnt sich
nicht, weiter darüber zu reden ... – Dennoch, *es saß,* und
auch jetzt noch, wo der unmittelbare kleine Ärger bereits
verraucht ist, piekt doch von unten her ein leiser Zweifel.
Kaum wahrnehmbar. Wie gesagt: Im Grunde unbedeu-
tend. – Aber *dennoch* irren die Gedanken wieder ab, ir-
gendwohin zu nichts Konkretem, bleiben jedenfalls nicht
beim „Thema"; verflixt: man wollte doch über seine
„wirklichen" Probleme sprechen!

Der Therapeut – wir können ihn auch Lehrer nennen – hört zu. Neben dem, was er an Worten, Sprüchen, Erklärungen *hört*, meint er, hin und wieder ein feines Knarren in der Stimme seines Gegenübers zu vernehmen. Kaum wahrnehmbar; wirklich nicht der Rede wert. Es kann durchaus nur eine vorübergehende Heiserkeit sein.

– *Wohl zuviel gesprochen heute?!* – *Aber das* Knarren *läßt nicht nach.*
– *Ein* echtes Problem *habe ich mit meiner Frau: Wir können nicht mehr miteinander reden ... irgendwann reicht es mir ... Wie aus heiterem Himmel ...*
– *Jetzt ist die Stimme vollends gebrochen. Er ist verzweifelt, ärgerlich. Er haut mit der Hand auf den Tisch und ist wütend über seine Frau ...* – *Also das übliche Eheproblem? Ja, doch was heißt das schon: üblich?! Da könnte man jetzt beginnen, die Beziehung zu analysieren: Was ist es, das dich an deiner Frau so ärgert? ... Wann genau tritt dieser Ärger bei dir auf? ...* – *und so weiter, und so weiter.*
Aber die Antworten darauf kommen nur vom Kopf. Es ist keine rechte Beteiligung zu spüren. Die Stimme hat er auch wieder unter Kontrolle. Er erzählt mir etwas ... aber dann:
– *... irgendwie bin ich fürchterlich gekränkt. Ganz tief in mir tut etwas weh.*
– *Ja, gut! Jetzt ist er da, bei sich, bei seinem Erleben.* – *Jetzt soll er einen Stift in die Hand nehmen, die Augen schließen, seinen Oberkörper so gut es geht aufrichten, versuchen, sich im Bauch-Becken-Raum zu zentrieren, den Stift über das Papier gleiten lassen* – *und Kontakt mit dem Gefühl der Kränkung halten.*
– *Die Hand tun lassen, was sie will. Zunächst nur zaghaft, bald aber in fester Strichführung über das Papier.*
– *Ein bestimmtes Bewegungsmuster schält sich heraus. Jetzt ist es gut, wenn er dabei bleibt ...*

– *In weiten Kreisen über das Papier: „Endlos" auf und ab. „Ewiges" Kreisen. Langsam wird es zuviel. Die Bewegung kommt unsicher ...*

– *Gut! Lasse die Veränderung zu, wenn sie kommen will.*

– *Ja! Die Kreise wollen sich verkleinern. Spiralförmig gehen sie nach innen, immer enger ... Mir wird eng! ... Jetzt geht es nicht mehr weiter; der innerste Kreis, das Zentrum der Spirale ist erreicht. Der Stift steht steil auf dem Papier, zwischen Zeigefinger und Daumen fest gehalten. Darinnen vibriert es vor Energie und sich sammelnder, zentrierender Kraft.*

– *Lasse jeden Impuls zu!*

– *Für den Bruchteil einer Sekunde taucht erinnernd das Bild von der kurzen Zufallsbegegnung am Vormittag auf, dann schnellt der Stift durch den gezeichneten Kreis, nach rechts oben, mit aller Kraft, so daß das Papier reißt.*

– *Was ist geschehen?*

– *Befreiung! Der Kerker der unterdrückten Kränkung ist geborsten. Aus dem Kern heraus schoß ich gegen alles, was das schale Gefühl des unpersönlichen Stiches vom Vormittag dort eingeschlossen hatte.*

– *Nun ist es geschafft, vollbracht!*

– *Befreiung! Lachen! Freude!*

Energie vom befreiten Kern

Das war der erste Schritt eines sicher noch langen, beschwerlichen, spannenden und selbst-befreienden Prozesses.

Unser Klient hat eine wichtige Erfahrung gemacht. Er ist durch die ihm widerfahrene Kränkung hindurchgegangen, gleichsam Kreis um Kreis bis zum Kern. Seine darin geballte Kraft erfuhr er als Spannung – und ließ sie in einem gewaltigen Ausbruch hinaus. Ist es übertrieben zu sagen, hier hätte eine „Kernspaltung" stattgefunden, Freisetzung von Energie, die ausreicht, ein ganzes Menschenleben zu ändern?

Einen Prozeß zeichnend nachvollziehen. Ich gehe noch einmal zurück zu dem Beispiel einer Zeichenstunde auf S. 59 – – – Zunächst versuche ich, mich in die Rolle des Schülers hineinzuversetzen. – Habe ich eine ähnliche Situation wie er auch schon einmal erlebt? Ich versuche, diese unangenehme Begegnung, von der da berichtet wird, noch einmal in meiner Vorstellung nachzuvollziehen. – – – Nun folge ich dem therapeutischen Prozeß, indem ich nachfühle und -zeichne, was mir der Schüler in unserem Beispiel vorgibt. – Er (bzw. *ich*) kommt in die Therapiestunde … ich setze mich an den Tisch, vor die Zeichenblätter … rede, bin angespannt … werde konkreter, beginne zu zeichnen …, und so weiter, bis zu den sich zentrierenden Kreisen und dem Ausbruch. – – – Nun wechsle ich meinen Platz. Am besten, ich setze mich gegenüber oder seitwärts vor den Zeichenbögen. – Ich stelle mir vor, ich sei nun der Therapeut und beobachte die wechselnden Stimmungen und Gebärden meines Klienten. – Ich sehe in meiner Vorstellung, wie er hereinkommt … sich setzt … ein wenig verwirrt ist … schließlich zu zeichnen beginnt und so weiter. – – – Wie fühle ich mich als Gegenüber des Klienten? Möchte ich eingreifen, oder halte ich mich zurück? … Kann ich in mir nachvollziehen, was mein Klient empfindet? … – – –

Je intensiver wir uns mit unserer Umwelt auseinandersetzen, desto mehr Impulse werden wir bekommen, um den inneren Befreiungsprozeß in Gang zu halten.

Für den Schüler in unserem Beispiel wird der „Aufhänger" zunächst einmal seine Frau bleiben. Aber mit der Bewußtwerdung seines inneren Kräftepotentials kann sich die Situation zwischen den beiden nach und nach entschärfen, beziehungsweise man setzt sich nun mit den *wirklich* dahinterliegenden Problem- und Konfliktpunkten auseinander. Dann kann vielleicht auf einen die Beziehung scheidenden, d. h. endgültigen Schluß-Strich verzichtet werden. Oder aber man vollzieht nun endlich eine klare Trennung, weil auf einmal ganz deutlich geworden ist, daß man *im Grunde* nicht zueinander paßt.

Wir werden eins mit uns selbst

Um über das bloße Verstehen des Kopfes zur ganzheitlichen Erfahrung zu gelangen, ist es unumgänglich, immer wieder einmal die theoretische Ebene zu verlassen und zur Tat zu kommen. Betrügen wir uns nicht um die Erfahrung, lassen wir uns auf die Übungen ein! Die vorgegebenen Anweisungen können zwar nicht die unmittelbare zwischenmenschliche Begegnung mit einem Therapeuten ersetzen, *aber wenn Sie aufmerksam mitarbeiten, werden Sie lernen, in vielen Situationen Ihr eigener Therapeut zu sein.*

Kreisend zu sich selber finden. Ich nehme wieder Stift und Papier zur Hand. Nun zeichne ich einen großen Kreis. In dieser Spur bleibe ich, lasse die Kreislinie immer stärker werden. – – Wenn ich eine Zeitlang so gekreist bin und auch innerlich eine gewisse Sicherheit darin entwickelt habe, kann ich den Kreis *langsam* zu seinem Mittelpunkt hin zentrieren. – Dabei bin ich ganz bewußt und aufmerksam. Ich spüre in den Strich hinein. Ich stelle mir vor, ich selbst würde mich mit jedem Kreis weiter nach innen zentrieren. – – –

Wenn wir eine solche Übung oft wiederholen, werden wir bemerken, daß sie mehr und mehr Teil von uns wird. Dann *zeichnen* wir nicht einen sich nach innen zentrierenden Kreis, sondern *wir selbst* zentrieren uns im Zeichnen.

Dieses Bild der sich nach innen hin verjüngenden Spirale kann als Gleichnis für den eigenen inneren Weg genommen werden. Wenn wir uns selbst auf dem Papier immer wieder mit unserer Vorstellung begleiten, wird es uns nach und nach ganz leicht fallen, uns mit unseren

Strich- und Liniengebilden und schließlich auch mehr und mehr mit allem, was wir sonst noch tun, zu identifizieren. So kann der Bruch zwischen uns und der Welt verheilen. Wir werden eins mit uns selbst.

Aus einem neuen Blickwinkel heraus betrachtet, offenbaren uns die Dinge ihr Geheimnis. In vielem, was uns vorher wie Zufall erschien, offenbart sich auf einmal Sinn: In scheinbar wahllos aufs Papier geworfenen Zeichnungen wird die Seele des Zeichnenden erkennbar. Sie spiegelt sich in jedem Strich, in seiner Festigkeit, Stärke und Form ebenso, wie in dem, was gezeichnet wurde. Und wenn wir unser Bewußtsein schärfen und noch näher hinschauen, wird sogar der Rhythmus bedeutsam, in dem der Stift über das Papier gleitet. – *Probieren Sie es aus!*

Urformeln des Seins

Das vorangegangene Beispiel bezog sich überwiegend auf das zeichnerische Gestalten von inneren Befindlichkeiten sowie ihre Übertragung und Interpretation auf die aktuelle Situation oder persönliche Lebensgeschichte des Schülers. Daneben gibt es jedoch noch einen weiteren wichtigen Aspekt in der Zeichenpraxis.

Während des Zeichnens geschieht es immer wieder, daß sich bestimmte Formen herausschälen, die im Grunde nichts mit der Person des Klienten zu tun haben. Es sind die sogenannten Urformeln des Seins, Symbole aus der Urschicht des Unbewußten. Sie lassen sich nicht auf Ereignisse aus unserer persönlichen Lebensgeschichte zurückführen, sondern sind *kollektiv,* das heißt allen Menschen gleichermaßen eigen, unabhängig davon, unter welchen sozialen Bedingungen oder in welchem Kulturkreis sie geboren und erzogen wurden.

Diese archetypischen[5] Symbole sind Offenbarungen des ältesten und zentralsten Raums der Persönlichkeit, des Selbst. *Individuation,* das heißt Selbst-Verwirklichung setzt voraus, daß diese Symbole bewußt angeschaut, erkannt und ausgedrückt werden.

Auch in unserem Therapiebeispiel ist schon ein solches Symbol vorgekommen. Ohne daß der Zeichnende vorher um die Behauptung oder überhaupt um die Existenz von solchen Urformeln wußte, gestalteten seine Hände im wahrsten Sinne des Wortes *von Selbst* die Spirale.

Sie gehört mit zu den *weiblichen* Symbolgestaltungen. „Weiblich" sind auch die empfangende, aufnehmende Schale, die zum Halbkreis nach unten sich öffnende Arkade und die auf- und abschwingende Wellenbewegung. Mehr *männlich* akzentuiert sind gerade und eckige Linienführungen wie Strich, Kreuz, Rechteck und Quadrat.

Sein eigenes Symbol wählen. Ich zeichne auf einem großen Blatt hintereinander die im vorangegangenen aufgezählten Symbole: … die Schale … die wie ein Brückenbogen nach unten sich öffnende Arkade … die auf- und abschwingende Wellenlinie … und weiter: ein Kreuz … einen Strich … ein Rechteck … ein Quadrat. – – – Nun spüre ich zum Boden hin. – – Dabei betrachte ich die aufgezeichneten Symbole. – Welches spricht mich besonders an? – – Wenn ich mir eines der Symbole ausgewählt habe, übe ich es mit weiter, großzügiger Strichführung auf einem neuen Blatt Papier – solange, bis ich das Gefühl habe, es auch mit geschlossenen Augen noch sicher zeichnen zu können. – – – Nun zeichne ich mit geschlossenen Augen dieses Symbol auf ein neues Blatt. Dabei spüre ich ganz aufmerksam in die Zeichenbewegung hinein. – Kann ich in mir eine Übereinstimmung mit dieser äußeren Zeichenbewegung erspüren? – – Wenn *ja,* so bleibe ich dabei, dieses Symbol zu zeichnen. – Wenn ich das Gefühl habe, daß dieses Symbol *nicht* meinem momentanen inneren Befinden entspricht, so lasse ich auf dem Papier jede Veränderung zu, damit sich „Innen" und „Außen" einander annähern können. Ich bleibe ganz einfach und aufmerksam meinem Gefühl von dem, was mir entspricht, zugewandt … und lasse meine Hand meinem Gefühl entsprechend zeichnen.

Wenn wir bestimmte Formelemente mit der Eigenschaft „männlich" oder „weiblich" belegen, sollen damit nicht etwa starre Kategorien aufgestellt werden. Auch wollen wir damit keineswegs irgendwelche geschlechtsspezifischen Rollenklischees untermauern. Es geht vielmehr um das Erspüren von allgemeingültigen Bedeutungszusammenhängen. Wir alle würden, wenn wir dazu aufgefordert würden, die genannten Symbole in gleicher Weise den beiden Polen „männlich" und „weiblich" zuordnen. – Wem käme es in den Sinn, eine Ecke als weibliche Form zu bezeichnen?

Keiner von uns ist so sehr nur „Mann" oder nur „Frau", daß er nicht auch eine Ahnung des Gegengeschlechtlichen in sich trüge. Auch wenn er es vielleicht nicht weiß, so wird er doch ahnen, was wozu gehört und welchen Dingen, Menschen oder Gegebenheiten dem „Männlichen" oder „Weiblichen" zuzuordnen ist.

Man bringt diese Ahnung des Zusammengehörigen zu recht mit dem „gesunden Menschenverstand" in Verbindung. Wenn er gestört ist, sind meist Verdrängungsmechanismen am Werk. Sicher läßt sich zum Beispiel bei einer Schale auch eine „männliche" Eigenschaft finden. Doch sollte jemand, der sich weigert, sie als *überwiegend* „weiblich" anzuerkennen, sich fragen, ob nicht ein *blinder Fleck* ihn an einer umfassenderen Sicht der Wirklichkeit hindert.

Die Ganzheit besteht aus beidem, Sonne und Mond, Mann und Frau, Tag und Nacht, Quadrat und Kreis.

Die Ganzheit zeichnen. Ich lege mir vier Blätter zurecht. – Auf das erste zeichne ich mir ein Quadrat ... auf das zweite einen Kreis ... auf das dritte einen Kreis im Quadrat ... und auf das vierte ein Quadrat im Kreis. – – – Welche dieser vier Zeichnungen entspricht am ehesten meinem Gefühl von Ganzheit?

Träume sind keine Schäume

Es gibt keinen Zufall. *Alles,* was geschieht, hat Bedeutung. Hinter der „realen Welt" gibt es etwas anderes, dem normalen Auge Verborgenes. Wir können diese Hinter-Welt als etwas Unlogisches, Widersinniges, Zweckloses, „Nur"-Subjektives abtun. Dann aber bleibt uns der Hinter-, oder sagen wir besser: der *Über-*Sinn verborgen, und wir sehen vielleicht statt seiner nur den Un-Sinn.

Widmen wir uns dem, was um und in uns ist und geschieht, so kommt Bewegung in die Welt. Ja, es wird dann wahrhaftig so, als würden wir, ganz persönlich, noch einmal die Schöpfung nachvollziehen und dem toten *Erdenkloß* Lebendigkeit einhauchen.

Nehmen wir zum Beispiel unsere Träume. Was wollen sie uns sagen? Oft erscheinen uns ihre Aussagen unzusammenhängend und vielleicht sogar absurd.

Das ist dann ein Hinweis darauf, daß wir ein wenig von unserer üblichen, vorgefaßten Denkweise abrücken und uns auf eine mehr ganzheitliche, empfindungsbeteiligte Er-Lebensweise einlassen sollten.

Alles fließt. Es gibt kein festes Schema, nach dem wir die Welt, uns selbst, unser Fühlen, Wünschen und Träumen ein für allemal deuten und kategorisieren könnten.

So mag zum Beispiel ein im Traum sich des öfteren wiederholendes Motiv mir heute etwas völlig anderes mitteilen als morgen. Mein Erleben spielt darein, aber auch die Reifestufe, auf der ich mich befinde. Einer, der Heim und Familie gründen will und den materiellen Anforderungen des Lebens erst noch genügen muß, wird das *Haus,* welches er im Traume sah, ganz anders deuten als der, dessen Dasein sich um die Verwirklichung eines inneren Sinns dreht, der an sich selber baut. *Fehlende Dachziegel* können für den einen auf die Fehlerhaftigkeit seines wirklichen

Eigenheimes hindeuten, während sie dem anderen seinen – seelischen – „Dachschaden" warnend vor das träumende Auge führen.

Wir sollten uns im Umgang mit unseren Träumen nicht scheuen, unsere Phantasie frei und ungezwungen spielen zu lassen. Meist ist das, was uns ganz spontan zu einem Symbol einfällt, auch schon seine richtige Deutung.

Zwar erscheinen uns die Gestalten und Figuren unserer Träume oft als nebulös, und wir meinen, „in Wirklichkeit" überhaupt nichts mit ihnen zu tun zu haben. Aber so fern sind sie uns und unserem Alltagsbewußtsein gar nicht.

Geträumtes phantastisch erweitern. Erinnere ich mich noch an einen Traum oder an Traumteile aus der vorangegangenen Nacht? – Ich schreibe es auf. – – – Nun unterstreiche ich alle Hauptwörter in dieser Traumniederschrift. – Zu jedem dieser Worte notiere ich Assoziationen, spontane Einfälle – wie ich es ähnlich bereits in der Übung „Worten auf den Kern kommen" getan habe. – – – Aus jeder dieser Assoziationsketten bilde ich nun eine kleine Geschichte. – Wenn zum Beispiel im Traum ein Schiff vorkam und man assoziierte dazu etwa Wasser, Sturm, Insel, Fische, Matrosen, so könnte unsere kleine Geschichte vielleicht lauten: „ …Es fuhr ein großes Schiff hinaus auf das Meer … Ein Sturm zog auf …, Matrosen gingen über Bord …, Fische fraßen sie …" und so weiter. – Ich lasse meiner Phantasie zu jedem Wort und dessen Assoziationen freien Lauf. – – – Wenn ich zu jedem der Hauptworte meines Ausgangstraumes solch eine kleine Geschichte aufgeschrieben habe, füge ich diese Geschichte zu einer einzigen zusammen. – – – Ich vergleiche meinen Traum mit dieser neuen Phantasie-Geschichte.

Je unklarer uns der Trauminhalt zu sein scheint, desto interessierter und aufmerksamer sollten wir uns auf ihn einlassen.

Seine Undurchschaubarkeit verweist uns auf archetypische Tiefen. Oft sind es bedrohliche Bilder, unverständlich, und mit dem, was wir tagsüber erlebt haben, absolut nicht mehr in Einklang zu bringen. Doch diese „unpersönlichen" Symbole weisen uns auf unsere überpersönliche Bestimmung, auf unseren Weg zur Ganzwerdung. Der Drache ist in allen Sagen gefährlich, und in den Märchen aller Völker gibt es so etwas wie Dornröschen, Froschkönige und böse Stiefmütter, die verbotene Früchte oder erotische Symbole reichen, um die schöne Prinzessin zu vergiften. Die in den Mythen und Epen der Menschheit dargestellten Wege der Helden und Weisen muß jeder für sich selber gehen. – Wir können von ihnen lernen und ihre Aussagen, Hinweise, Anspielungen und Weisheiten für unser Leben nutzbar machen[6].

Sich zu den Träumen Bilder machen. Gibt es in meinem Traumleben Episoden, die mich an dieses Märchenhafte, Unbestimmte erinnern, von dem wir eben gesprochen haben? – – – Auch wenn es nur ganz unbestimmt und wie von ferne in mir anklingt, zeichne ich es auf, mache mir Bilder dazu. – – –

Die Tiefe im Tun

„Gott sagt nicht:
,Das ist ein Weg zu mir, das aber nicht',
sondern er sagt:
,Alles, was du tust, kann ein Weg zu mir sein,
wenn du es nur so tust, daß es dich zu mir führt'."

Martin Buber

Es geht bei den initiatischen Übungen darum, die Oberflächlichkeit der nur auf *Können* und *Leistung* gerichteten Ich-Strebungen zu vertiefen. Das rein mechanistische Erfolgsstreben soll zugunsten einer persönlichen und schließlich auch überpersönlichen Ansprache überwunden werden.

Wir haben im vorangegangenen Therapieprotokoll aus dem Geführten Zeichnen gesehen, daß eine bestimmte Weise der Verinnerlichung des Tuns den Zugang zu einer tieferen Erlebensdimension ermöglicht. Archetypische Formen und Symbole treten in das Bewußtseinsfeld. Werden sie als solche erkannt und im weiteren Verlauf der Therapie durchgearbeitet, ist das ein wichtiger Schritt zur Erweiterung und Verwirklichung der Persönlichkeit.

Jedoch besteht diese Möglichkeit, sich archetypischer Formen und Symbole bewußtzuwerden und sie im Therapieprozeß zu bearbeiten, nicht allein im Geführten Zeichnen. Vielmehr läßt sich überall dort, wo etwas „Gestalt" gewinnen kann, selbst-vertiefend arbeiten.

Bewußt tätig sein. Nehmen wir eine beliebige Tätigkeit: Vielleicht räume ich schnell einmal meinen Schreibtisch auf, ordne meine Papiere und schenke mir dazu eine Tasse Tee ein ... – Was immer ich jetzt auch tue, ich bin mir jeder meiner Bewegungen bewußt. Auch den kleinsten Handgriff führe ich jetzt, in diesem Augenblick, mit aller Aufmerksamkeit und Konzentration aus. – – – Nun tue ich das gleiche wieder wie üblich, eiliger und mehr oder weniger unbeteiligt. – – – ... und nun noch einmal ganz wach und bewußt. – – – Ich experimentiere mit meinen Möglichkeiten, die ganz alltäglichen Handlungen mal intensiver und mal weniger bewußt auszuführen.

In jeder Tätigkeit kann ich mich als ganzer Mensch auftun. Das reicht vom Staubsaugen, Geschirrspülen, Nägel einschlagen, Essen machen und Spazierengehen bis zum handreichenden Willkommensgruß oder Partygesprächen, bis zu einem Konzertbesuch oder dem sonntäglichen Kirchgang. Wir können daran ganz oder halb, ein wenig oder fast gar nicht beteiligt sein, unabhängig davon, ob wir damit eine Pflicht erfüllen oder es einfach nur als Hobby und Zeitvertreib tun.

Besonders deutlich wird das bei allen schöpferischen Tätigkeiten. Mehr als anderswo ist hier die Chance enthalten, daß sich ein Höheres auftut, als allein das weltbezogene Machen-Wollen. Natürlich verfällt wohl jeder Übende immer wieder mal der Versuchung, sich in seiner Kunst unter Leistungsdruck zu setzen und besser und perfekter sein zu wollen. Doch wenn er es bemerkt und dann bewußt darauf verzichtet, seine Bilder, Gedichte und Kunststücke zu produzieren, als ginge es um einen Akkord am Fließband, wird es sich für ihn als Menschen *wirklich* lohnen.

Wer nicht um des Broterwerbs oder der Anerkennung willen eine Kunst ausübt, sondern nur für sich und weil's ihm Spaß macht, hat die ausgezeichnete Chance, einmal sein Ich zu überspringen.

Kontakt mit dem Urschlamm

Innerhalb der Initiatischen Therapie werden neben dem Zeichnen verschiedene andere künstlerische Übungen angeboten. Stellvertretend für alle anderen wollen wir uns jetzt den Verlauf einer Sitzung des *Tastens und Gestaltens mit Tonerde* anschauen[7].

Der Klient wird zunächst aufgefordert, sich tastend mit einer lehmigen, erdhaften Masse vertraut zu machen. Er greift mit geschlossenen Augen in eine viereckige „Einrahmung", die mit Tonerde angefüllt ist. Und bereits jetzt, im ersten Kontakt, beginnt das Material in sonderbarer Weise auf ihn einzuwirken: Die Tastqualität einer solchen feucht-warmen Substanz erregt bei vielen ein wohliges und zugleich verbotenes Gefühl. Hier schwingt die unbewußte Freude des Kindes mit, nahe an der „uterinen" Erdhaftigkeit des eigenen Ursprungs matschen und spielen zu können – und für manche auch das Schelten der Mutter, für die der dadurch verursachte „Schmutz" eine zusätzliche Belastung bedeutete und die deshalb „Pfui!" sagte.

Mit den inneren Fingern kneten. Ich schließe die Augen und spüre gut in mich hinein ... ganz tief ... bis in meinen Bauch. – Dort unten liegt ein großer, ungeformter Klumpen weichen Tones. – Ich schaue von oben auf ihn herab. Nun mache ich mich mit ihm vertraut. Ich betrachte ihn ausgiebig, von allen Seiten. ... Wie sieht er aus? ... Welche Farbe hat er? – – Ich stelle mir vor, daß ich von oben herabsteige und auf den Tonklumpen zugehe. – Nun berühre ich ihn; ganz behutsam ertaste ich zunächst seine Oberfläche: ... feuchte Erde ... – Wie fühlt sich das an? – Ich lasse mich mehr und mehr auf diese Masse ein, greife zu, ... grabe meine Finger hinein, ... matsche und schmaddere nach Leibes- und Seelenkräften. – Ich lasse meine Phantasie spielen und erlaube mir, alles mit diesem Erdmatsch zu machen, was mir einfällt. In meiner Vorstellung gehe ich auch in Extreme, die normalerweise „undenkbar" für mich sind. Ich lasse alle Vorbehalte des vernünftigen, kultivierten Erwachsenen fallen, werde Kind, ja, gehe in meiner Entwicklung noch weiter zurück ... Ich werde zum Tier, das sich in seinem Kot suhlt. – – –

Viele Menschen können sich „so etwas" nicht vorstellen. Es bereitet ihnen Schwierigkeiten, sich über die anerzogenen Sauberkeitsgrenzen hinwegzusetzen und einmal wirklich die „Sau" herauszulassen. Doch sie ist da, in jedem von uns. Sie schlummert nur und wartet darauf, urplötzlich hervorzubrechen, gerade dann, wenn wir es am wenigsten erwarten.

Das ist nicht ganz ungefährlich. Wenn sich mehrere solcher „Schmutzfinken" unerkannt in uns formieren, kann es zu Exzessen kommen, die nichts mehr von dem alten „Saubermann" übriglassen, der wir zu sein glaubten.

Wer ehrlich zu sich selber ist

Wohl jeder hat seine dunklen Flecken, die er anderen lieber nicht zeigen möchte und die er vielleicht sogar vor sich selbst verborgen hält.

Machen wir einen Anfang und nehmen wir unsere „weiße Weste" unter die Lupe.

Dem Schatten auf die Schliche kommen. Ich richte mir auf einem Din-A-4-Bogen zwei Spalten ein. Die eine überschreibe ich mit *„dunkel"*, die andere mit *„hell"*. – – – Ich schließe meine Augen und spüre in mich hinein. – Ich stelle mir vor, ich wäre ganz in reinen weißen Stoff gekleidet, der meinen Körper wie eine zweite Haut umgibt. – – Auf einmal steht jemand vor mir, eine mir feindliche Person, vor der ich ganz, ganz langsam zurückweiche. – Dieser Mensch hat in der linken Hand einen Eimer, bis zum Rand mit schwarzer Tusche angefüllt, und in der rechten einen großen langhaarigen Pinsel. – Während er mir näher kommt, taucht er den Pinsel in das Schwarze, zieht ihn heraus und ... spritzt die Farbe auf mein weißes Kleid. – – Wie geht es mir dabei? Konnte ich noch rechtzeitig flüchten, oder habe ich die volle Ladung abbekommen? – Was tue ich? Schaue ich mir das Malheur an, oder versuche ich, es auszureiben, zu vertuschen? – Wo bin ich getroffen? – Ich werde mir der betreffenden Körperstellen bewußt, an denen meine Kleidung schwarz geworden ist. – – Nun öffne ich die Augen und notiere in der ersten Spalte diese Körperstellen. – – In die zweite Spalte gehören alle Körperstellen, an denen meine Kleidung weiß geblieben ist. – Dadurch kann ich kontrollieren, ob *wirklich alle* dunklen Körperstellen in der ersten Spalte aufgeführt sind. – – – Nun wähle ich die drei dunkelsten, am meisten betroffenen Körperteile aus. Ich spüre in meinem Leib zu der ersten dieser solchermaßen bezeichneten Stellen hin. – Ich stelle mir vor, dieser Teil meines Körpers könnte reden. Nehmen wir an, es wäre mein Arm, der da von schwarzer Tusche trieft. Er würde nun all das erzählen, was ich im Laufe meines Lebens an Niederträchtigkeiten und „schwarzen Flecken" in ihn hineingetan habe. – Was ist es? Vielleicht mußte er Dinge tun, die ihn nach und nach von sich selbst entfremdet haben. Oder aber ich schränkte ihn in seinen natürlichen Bewegungsimpulsen ein. – Ich erzähle die Geschichte meines unterdrückten, beschmutzten Armes. – – – Ebenso lasse ich auch die beiden anderen dunklen Körperstellen zu Wort kommen.

Wer ehrlich zu sich selber ist, wird bei dieser Übung auf einige neue Aspekte seines „Schattens" gestoßen sein. Es ist diese dunkle Persönlichkeit in uns, die wir *auch* sind – allerdings sind wir uns ihrer nur selten bewußt.

Es ist ganz natürlich, daß das Dunkle auch „im Dunkel" liegt. Erst wenn es ans Licht des Bewußtseins gehoben wird, kann man es erkennen.

Eine Handvoll Begreifen

Kommen wir noch einmal auf das Tasten und Gestalten mit Tonerde zurück. Wir haben gesehen, daß unser Ekel vor dem Erdmatsch mit der Angst vor unseren eigenen unterdrückten, „schmutzigen" Persönlichkeitsanteilen zusammenhängt. Vielleicht sind wir als Kleinkind zu früh gezwungen worden, in einen Topf und nicht mehr in die Hose zu machen? Oder der Sauger eines Fläschchens voll Kakao löste sich, und die ganze Soße lief über uns hinweg.

Die initiatische Arbeit am Tonfeld beschränkt sich nicht auf die Bewußtwerdung und Aufarbeitung von traumatischen Ereignissen in der Lebensgeschichte. Zwar werden auch diese ernstgenommen – der Klient wird immer wieder aufgefordert, sich auf die Gefühle und Erinnerungen aus seiner Kindheit einzulassen – aber das Aufarbeiten alter Traumata ist nicht das einzige Anliegen der Therapie.

Vielmehr beginnt ein tiefenerarbeitender Prozeß, wenn die Hände einmal so richtig tun dürfen, wozu sie geschaffen sind. Im *Er-* und *Begreifen* gestaltet sich das Material, wird angeeignet und erkannt: Um- und Eingraben, Berühren und Fühlen, Fassen und Kneten ... – ungeahnte Energien werden freigesetzt. Die innere Bau- und Bildekraft drängt vor, läßt hier entstehen und dort vergehen; ein Bild vor dem inneren Auge will Wirklichkeit werden – und so wird „gewalkt und gewienert", bis die Hände ein dem Innenbild entsprechendes äußeres Abbild zu ertasten glauben. Dabei wird gelegentlich Unterstes zuoberst gekehrt.

Später soll der Klient die Augen öffnen. Er schaut auf das, was entstanden ist – und schon ist er mit sich selbst konfrontiert: Er hat etwas geschaffen, das, auch wenn es nicht immer mit dem inneren Bild davon übereinstimmt, sein Inneres abbildet.

Zum Beispiel mag er die Höhlung seines eigenen *Mundraumes* gespürt haben, als er gerade am Ton arbeitete. Dieses Spüren war so intensiv, daß er etwas Entsprechendes formen wollte. Er war sich dabei ganz sicher, meinte sogar, so etwas wie seine *Zunge* aus Ton geformt zu haben. Doch nun, mit geöffneten Augen, sieht er auf einmal statt dieser *Zunge im Mund* eine *Hand*, die aus der Tiefe greift. Er ist betroffen. Was bedeutet das? Woher? *Wer greift aus welchem Loch wie ein letzter stummer Hilfeschrei empor?*

Danach geht es weiter: Der Therapeut fragt ihn, was er jetzt tun wolle. Anstatt in einer Art symbolischer Hilfestellung diese ja im Grunde haltsuchende Hand zu ergreifen, um hinaufzuziehen, was an ihr hängt, nimmt er einen großen Brocken Erde und verstopft damit das Loch.

Das ist ein unbewußtes symbolhaftes Geschehen. Um es zu entschlüsseln, könnte man fragen, wem denn eigentlich diese Hand gehöre. Und wenn der Klient sich mit dem, was er tut, identifizieren könnte, wäre vielleicht die nächste Frage: Wovor hast du denn solche Angst, daß du dich selbst nach unten drückst? – Ein jeder von uns wird, wenn er diesen Vorgang für sich und sein eigenes Leben nachvollzieht, *seine* Antwort darauf geben können.

Fragen persönlich beantworten. Ich schließe die Augen ... und stelle mir vor, daß aus *meiner* Tiefe eine Hand sich mir hilfesuchend entgegenstreckt. – – – Ich frage sie, was sie von mir will. – „Hand, was brauchst du?" – Was antwortet sie? – – Ich gehe auf ihr Bedürfnis ein. Zwischen mir und meiner Hand entsteht ein Dialog. – Wenn es mir leichter fällt, kann ich dieses Zwiegespräch auch schriftlich führen ... meine Hand ... dann ich ... meine Hand ... und wieder ich ... meine Hand ... – immer abwechselnd. – – – Wer hat das letzte Wort?

Wege zur natürlichen Musikalität

Neben der Tonerde gibt es noch verschiedene andere initiatische Medien, mit denen sich gestalten und das Innere nach Außen bringen läßt.

Vor allem sind hier Methoden des *Hand-Werks* zu nennen, wie Sticken, Weben und Werken. Aber auch die Musik, obwohl sie doch „nur" hörbar ist, kann heilwirkend angewandt werden.

Der Musiktherapeut Volker Deutsch entwickelte mit der sogenannten *Selbsterfahrung am Musikinstrument* eine Methode, die die in jedem angelegte natürliche Musikalität mit dem Initiatischen verbindet; die Transzendenz kann im Klang zur Erfahrung werden.

Nur einfach mal hinhorchen. Spiele ich ein Instrument? Dann hole ich es jetzt hervor und schlage einen Ton auf ihm an. – Ansonsten nehme ich einen Bleistift und berühre damit sanft den Rand eines leeren Weinglases. – – – Ich höre genau hin, öffne mich dem Ton *und* lasse mich ganz in ihn ein. Ich stelle mir vor, daß ich in ihn hinein *und* er durch mich hindurch schwingt. – – – Diese Übung wiederhole ich noch dreimal und intensiviere bei jedem Anschlag mein Horchen.

Übung statt Gymnastik

Übung ist in der Initiatischen Therapie der dritte Schritt in einem Prozeß, der mit der *Erfahrung* beginnt und durch die *Einsicht* fortgesetzt wird. Wir müssen zunächst erfahren haben, bevor wir erkennen und verstehen können; das Üben stabilisiert dann unsere Persönlichkeit und legt den Grund dafür, daß wir bewußter erleben können.

Beim Zeichnen sind es insbesondere die *Urformen,* die wir üben, um die Therapie zu unterstützen. Selbstverständlich können sie aber auch in Tonerde geformt, in das Muster eines Teppichs eingewoben oder in einer musikalischen Komposition verwirklicht werden.

Darüberhinaus finden sie ihren Ausdruck in den Bewegungsmöglichkeiten des Leibes. Urbilder lassen sich auch aus Gebärden gestalten.

Urformende Gebärden entwickeln. Hände, Arme, Schultern können ebenso wie Füße, Beine und Hüften Kreise, Quadrate, Linien, Ecken und Spiralen in den umgebenden Luftraum zeichnen[8]. – Ich skizziere jeweils auf einem Blatt: ... Linien ... Kreise ... Quadrate ... Spiralen ... Kreuze ... Rechtecke. – – – Ich beginne mit dem ersten Blatt und schaue mir die Linien an. Ich stelle mir vor, an meiner Nasenspitze sei ein langborstiger Pinsel befestigt, der mit schwarzer Farbe getränkt ist. Nun drehe ich meinen Kopf langsam und rhythmisch von links nach rechts ... immer wieder ... links ... rechts ... links ... rechts ... – und stelle mir dabei vor, ich würde mit dem Pinsel eine schwarze Linie quer über die Wand meines Zimmers malen. – Ich lasse mir dafür ausreichend Zeit. – – – Nacheinander gehe ich so alle Zeichen durch.

Wenn wir uns im schlichten, vorbehaltlosen Üben diesen urtümlichen Bewegungsmustern widmen, werden wir bemerken, daß es nicht allein Übungen für den Körper sind, sondern daß sie darüberhinaus seelische – oder besser noch: ganzheitliche – Wirkungen haben.

Sich langsam bewegen. Ich stelle mich locker in den Raum und mache ein paar Gymnastikübungen, wie sie mir etwa aus dem Schulsport bekannt sind. – – – Ich spüre meinen Einfällen nach, wie sich diese Gymnastikübungen *verinnerlichen* könnten. – – – Nun führe ich die Übungen noch einmal aus, doch dieses Mal ganz, ganz langsam, im Zeitlupentempo.

Es geht in der Personalen Leibtherapie nicht um den Körper, den man *hat*, sondern um den Leib, der man *ist*[9]. Das bedeutet: Wir sollen uns unserer Stofflichkeit bewußtwerden, als etwas *uns* Zugehöriges, ja, mit *uns* Identisches. Wir *haben* nicht nur einen Körper, sondern wir *sind* unser Körper.

Nehmen wir diese Aussage ernst und versuchen wir, sie in unserem alltäglichen Umgang mit uns und unserem Leib umzusetzen! – Damit sind tiefgreifende Konsequenzen für unser ganzes Leben, unsere Gedanken, Gefühle, Handlungen, Kontakte und Beziehungen verbunden.

Wir „sind" unser Körper

Wenn wir sagen, wir seien lebendig, so können wir dieses Leben nur in unserem Leib spüren. Und nur in unserer Leibhaftigkeit können wir uns in Beziehung zur Welt und zu unseren Mitmenschen setzen.

Ist der Mensch in seinem Leib blockiert, so wird dadurch auch die Beziehung zu seiner Umwelt gestört. Unsere Kultur ist davon bestimmt, Beziehungen als Objektbeziehungen zu sehen. Erich Fromm nannte das die *Haben*-Orientierung, im Gegensatz zur *Sein*-Orientierung[10]. Wir verhalten uns so, als ob uns die Welt und die anderen Menschen gehören würden, oder als ob es zumindestens möglich und erstrebenswert wäre, sie uns anzueignen. Wir wollen *haben:* ein Auto, Wohlstand, ein

Eigenheim, Freunde, Partner, Kinder und unseren Leib. Ja, auch unseren Leib wollen wir *haben* – wie einen Besitz.

Der Leib sein. Ich spüre in mein Gesicht. – Da ist zum Beispiel meine Nase. Welche Funktion hat sie? Wozu ist sie nütze? – Ich werde mir des „objektiven Gebrauchswertes" meiner Nase bewußt.– – – Nun schaue ich von innen in meine Nase hinein. Was ist das? ... Nase ... Wie fühlt sich das an? – Ich lasse mich immer mehr auf das Spüren meiner Nase ein ... – und werde mir bewußt: Ich *bin* meine Nase.

In dem Maße, in dem wir unseren Körper spürend durchdringen, gewinnen wir an Durchlässigkeit für unser eigentliches Selbst, das Wesen.

Die folgende Übung soll das Gesagte für uns zur Erfahrung werden lassen.

In die rechte Stimmung kommen. Ich schließe die Augen. Nun stelle ich mir vor, ich sei ein Musikinstrument. – – Ein Musiker kommt heran und will auf mir spielen. Er schlägt die ersten Töne an und bemerkt: Es klingt verzerrt. – Um mich in die „rechte Stimmung" bringen zu können, wird er mich stimmen müssen. – – Ich stelle mir vor, wie er mich stimmt. Dabei achte ich auf alle Einzelheiten. Was tut der Musiker? Wie geht er dabei vor? – – –

Die geformte Durchlässigkeit

In der Initiatischen Therapie spricht man von der „geformten Durchlässigkeit" des Leibes als Zeichen seiner Reife. Diese Zeichen sind die zentrierte *Haltung,* der frei fließende *Atem* und die rechte *Spannung.* Der Therapeut wird darauf achten, daß diese Komponenten bei seinem Klienten mehr und mehr zu einem harmonischen Zusammenspiel kommen[11].

Für unsere Übungspraxis ist es zunächst wichtig, daß wir uns in unserer Haltung, in unserem Atem und in den verschiedenen Spannungszuständen unseres Körpers *erkennen* und *annehmen*. – Wo halten wir uns fest? Wie machen wir uns in unserem Körper das Leben schwer? Wo blockieren wir uns? Was hat es mit unserem Atem, mit der Haltung unseres Körpers, mit seinem Ent- und Angespanntsein zu tun, daß wir kränkeln, krankwerden und unsere Gesundheit behindern?

Hineinspüren. Ich nehme spürend zu jeder einzelnen der vorangegangenen Fragen Stellung. Dabei beziehe ich mich auf mein *momentanes Befinden*. – Wo bin ich hier und jetzt verspannt? ... *Wie* halte ich mich in diesem Moment fest? ... – Ich gehe Schritt für Schritt vor und lasse mir viel Zeit.

Wenn wir der Fehlhaltung gewahrgeworden sind, geht es darum, sie als Teil unseres momentanen So-Seins zu *akzeptieren*. Wir sollten sie mit Interesse und Aufmerksamkeit beobachten, gleichsam einspinnen in ein liebevolles, behutsames Annehmen: Wir sind so und so, und wir dürfen es sein.

Interesse wecken. Ich spüre in meinen Leib hinein. Ich halte Ausschau nach Verspannungen, Unwohlsein, Schmerz und anderen psychosomatischen „Krisenherden". – Wenn ich einen entdeckt habe, weiche ich nicht von seiner Seite, ehe ich ihm in aller Klarheit und Aufrichtigkeit einen guten Tag gewünscht habe, mit allem, was dazugehört. Ich erkundige mich nach seinem Befinden, ob es nicht auf die Dauer recht ermüdend sei, so störrisch und verhärtet da unten herumzuhocken. – „... *Möchtest du nicht stattdessen lieber ein wenig frische Luft schnappen, mein lieber Schmerz? Komm, ich geb' dir eine Ahnung davon, indem ich einmal ganz tief einatme. ... Ja, das tut gut, nicht wahr?! Sowas könntest du alle Tage haben, wenn du dich nur ein wenig in Bewegung setzen würdest ... Was, du findest den Weg hinaus nicht alleine? Aber das macht doch nichts! Natürlich helfe ich dir gerne. Komm, gib mir deine Hand, wir gehen gemeinsam, du und ich ... mein lieber, guter Schmerz ..."* – – – Wenn ich in dieser Weise mit einer meiner körperlichen Unmutsquellen gesprochen habe, gehe ich zur nächsten. Auch hier bin ich wieder nett und zuvorkommend. – – – Nachdem ich mich so mit den „Plagegeistern" in mir vertraut gemacht habe, erschaffe ich vor meinem inneren Auge ein Bild des Meeres. – Ich sitze am Strand, neben mir zwei meiner unangenehmsten inneren Mitbewohner. – Dunkelheit umgibt uns, wir lauschen auf das Kommen und Gehen der Wellen. – – Am Horizont zeigt sich das erste Rot der aufgehenden Sonne. Ich weise mit der Hand voraus, meine Begleiter heben den Blick – und *gemeinsam* durchströmt uns das wachsende Licht ... – – –

Das einzige Heilmittel für die kleinen Teufel in uns ist aufrichtiges Interesse, ja, vielleicht sogar Liebe. – *Probieren Sie es damit.*

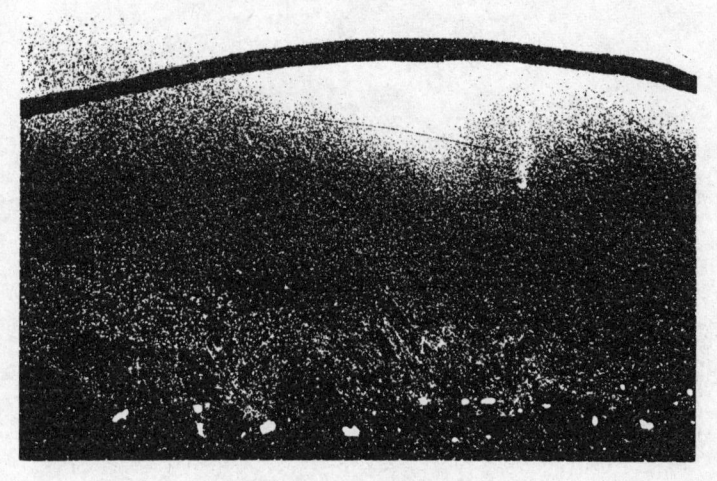

III.

„MEDITATION"

„„Adieu', sagte der Fuchs. ,Hier mein Geheimnis. Es ist ganz einfach: man sieht nur mit dem Herzen gut. Das Wesentliche ist für die Augen unsichtbar.'"

Antoine de Saint-Exupéry

Der Weg ist das Ziel

Wenn gemeinhin von einem *Weg* gesprochen wird, so nimmt man meistens an, er habe einen *Anfang* und ein *Ende,* und er führe von *hier* nach *dort.*

Der initiatische Weg ist anders. Wir haben bereits davon gesprochen: hier hat der Weg sein Ziel in sich selber; wer auf ihm *unterwegs* ist, spürt das Ziel unter seinen Füßen.

Auf den Fuß-Weg zielen. Ich stehe aufrecht im Raum, den Blick nach innen gewendet. – Nach und nach lasse ich meine Aufmerksamkeit nach unten hin los, bis in meine Füße. – – *Ich* werde ganz anwesend in ihnen. – *Ich werde meine Füße.* – – – Wenn sich meine Aufmerksamkeit dicht und gelassen in meinen Füßen versammelt hat, spüre ich in den Raum *zwischen Fußsohlen und Boden* hinein. – – Hier stehe ich, *auf* meinem Weg.

Der Mensch auf dem Weg ist zielfrei[1], ohne dabei doch ziellos zu sein. Es gibt also für ihn durchaus noch etwas, auf das zuzugehen sich lohnt. Doch sobald ihm bewußt wird, daß er ein Ziel erreichen will, gerät er in Gefahr, *sich* in ihm zu verlieren. Mit dem Erreichen-*Wollen* entfernt er sich aus der Gegenwart und büßt seine Freiheit ein, *hier und jetzt* unterwegs zu sein. Er wird zum Sklaven seiner Wünsche, Vorstellungen und Begierden.

Frei dagegen ist, wer gleichzeitig das höchste Ziel vor Augen hat *und* ganz auf dem Weg ist.

Es wachsen lassen. Ich nehme Stift und Papier zur Hand. – Nun spüre ich in mich hinein – ganz tief, bis in meinen Bauch – und stelle mir vor, dort unten sei der Wurzelgrund einer Pflanze. Sie schlummert noch, doch in ihrem Kern ist bereits ihr Werden, ja, ihre gesamte, ausgewachsene Gestalt enthalten. – Ich atme einige Male langsam und tief ... bis in diesen Wurzelgrund ... und wieder aus ihm heraus ... ein ... und aus ... und ein ... und aus ... und ... – –

langsam wächst dort unten die Kraft zum Werden. – Ich setze den Stift auf das Papier und gebe meiner Hand den Impuls, das Wachstum meiner inneren Pflanze außen nachzuzeichnen. – – –

Das nahezu Gleichzeitige des *Auf-etwas-Zu* und dennoch *Nicht-von-sich-fort* ist bildhaft auch als eine Gratwanderung zu beschreiben. An den Abhängen links und rechts vom Wege blühen viele Blumen. Der Wanderer soll sich ihrer in wacher Behutsamkeit annehmen, sie sehen und bewundern. Doch darf er nirgends länger als nötig verweilen. Er muß weiter, denn er ist *auf dem Weg.*

Das Wollen darf gelassen sein

Sobald sich uns ein Ziel offenbart, müssen wir es *lassen.* – Was bedeutet diese Einschränkung für unsere Übungspraxis? Warum sollen wir auf die Verheißung von Kommendem verzichten, wo doch die Gegenwart oft so wenig zu bieten scheint? Könnte ein Ziel uns nicht helfen, auch dann noch voranzugehen, wenn Bequemlichkeit und Unlust uns mit Bleigewichten am nächsten Schritt zu hindern suchen?

Wir wollen mit einem Bild des *I Ging,* dem jahrtausendealten „Buch der Wandlungen", antworten:

*Wenn man beim Pflügen nicht ans Ernten denkt
und beim Roden nicht an das Benützen des Feldes:
dann ist es fördernd, etwas zu unternehmen*[2].

Durchaus weiß *der* Mensch auch hinter seinem Pflug noch, warum er den Boden bestellt. Sein Tun soll Früchte tragen, das tägliche Brot, das ihm und den Seinen die Mägen füllt und ein menschenwürdiges Leben ermöglicht.

Doch neben diesem Ertrag fürs leibliche Wohl geht es um das *geistige Brot,* die Nahrung des *inneren* Menschen; er arbeitet, ackert und pflügt, weil sein Tun ihm als solches wertvoll ist und er aus der Tat die Gegenwart schöpft. Wenn er seinen Boden bereitet, so nicht allein um der guten Erde willen, oder weil aus ihr die Ernte wächst, die Nahrung für die Zukunft gibt. Er *tut,* weil er im Tun sich selbst erfährt; sein Leben offenbart sich, wo er sich schöpferisch in ihm gestaltet, hier und jetzt – sei es hinter dem Pflug, am Schreibtisch oder im Gegenüber mit einem anderen Menschen, bei Handwerk, Hobby oder „Zeitvertreib".

Nur *in diesem Moment* spüren wir die Realität dessen, was ist; allein in ihm *leben* wir. – Wie unwichtig wird dabei, was wir damit am Ende bewirken.

Unsere heutige „Wirklichkeit" sieht jedoch anders aus. – Mehr noch als in früheren Zeiten spricht man heute von der Zweckmäßigkeit des Tuns. Kaum einer mag sich mehr rühren, wenn nicht eine äußere Notwendigkeit ihn dazu treibt. Hinzu kommt, daß in unserer schnellebigen, arbeitsteiligen Gesellschaft die Ver-*antwort*-lichkeit des Handelnden den Akteuren mehr und mehr abhanden kommt; niemand *fragt.*

Alle tun und haben zu tun, was *anliegt* oder *abgelegt* werden muß. Und über diese alltägliche Geschäftigkeit hinaus geht nur, wer dabei noch mehr zu gewinnen meint. Ob in Büro, Geschäft, Fabrik, Universität, Labor oder Sportverein … man arbeitet am *Fließband des Wirtschaftswachstums,* und dabei wachsen Bankkonto und Wohlstandsbauch gleichermaßen.

Das Schlagwort dazu heißt *Entfremdung,* und wir verstehen sie in dem Sinn, daß der Mensch aus der *Heimat* seines Wesens emigriert ist[3]. Wird er sich dort draußen, in der Fremde einrichten und seine Wurzeln vergessen? – Alles deutet darauf hin.

Niemals zuvor hat das Ich, dieser Abgott des Stofflichen, solche Triumphe gefeiert wie heute. Man konzentriert sich auf das Außen, doch ohne dort im Grunde etwas verändern zu können, geschweige denn zu verbessern. Auf dem großen Schachtisch unserer Welt werden die Figuren geschoben und zugunsten einer verflachten Anschauung von *Gewinn* und *Verlust* wird um das Leben selbst gespielt. Da setzt man sich gegenseitig *matt* und meint dabei noch, einen Sieg über das Schicksal davongetragen zu haben. Man erdenkt sich politische Ordnungen und Systeme, gibt vor, durch ein Konstrukt von *Ismen* „dem Volk", „der Mehrheit", „dem Arbeiter" gerecht zu werden, und verirrt sich in den Abgründen des sogenannten „Zufalls", der, nicht berechenbar, immer noch jedes Spiel entschied.

Doch muß „das Volk" wirklich geordnet und verwaltet werden, wie ein Haufen alter Akten? – Hier wie überall geht es doch um Menschen. Und wie jeder *Mensch* (ein jeder von uns) in sich den Kern der Wahrheit trägt, und – von dorther – zu spüren, zu entscheiden vermag, was gut und stimmig für ihn ist, so ist auch das Volk, die *Gemeinschaft der Menschen,* durchaus in der Lage, sein eigenes Gesetz zu sein. Leben ohne äußere Macht und Gewalt, ohne *Zepter, Zins und Zaster* – das ist nicht Chaos, sondern Ordnung aus dem Wesen: die Herrschaft des inneren Menschen.

Der Ort, wo wir alle gleich sind und von wo jede Arbeit ihren Lohn empfängt, adelt jeden *Arbeiter,* der von dorther schafft. Er wird zum Repräsentanten des Einen, des *Großen Arbeiters,* von dem wir alle geschaffen sind. SEIN Erbe ruht in jedem von uns und wartet darauf, geweckt und im Alltag bezeugt zu werden.

Doch statt daß die Welt eine Offenbarung des Schöpfers wird und wir, die Geschöpfe, unsere Kraft in Seinen Dienst stellen, versuchen wir, das Geschäft auf eigene Rechnung zu machen, einen Turm in den Himmel zu bauen, alles in den Griff zu bekommen und computermäßig auszusteuern.

Man verzichtet völlig auf die „nur-subjektiven" Bindungen an hier und da noch in Ansätzen vorhandene, aus der *Urzeit des Heimatwissens* überkommene Traditionen und Gebräuche, versteht das Gewissen, diesen in uns sprechenden Widerhall Gottes, psychoanalytisch exakt als „zwanghaft verinnerlichtes *Über-Ich*" und „befreit" den Menschen von der Sorge, sich selbst gerecht zu werden. *Recht* wird anderswo geregelt, in Gesetzen und Vorschriften. Nun *weiß* ein jeder, woran er ist und sich zu halten hat, doch niemand *spürt* es mehr.

Es ist jeder, du und ich

„Vieles wäre gerettet,
wenn ein Mensch nur so viel Wahrheit besitzt,
als er in anderen zu finden weiß,
und nur so viel Recht hat,
als er anderen zu geben versteht."

Heinrich Rombach

Ob „König" oder „Bauer" – uns allen ist der Wurzelgrund entzogen, die „gute Erde", der Boden, in den wir wurzeln und aus dem heraus wir wachsen können.

Da wird an Fäden gezogen, Geschäfte abgeschlossen, Trümpfe ausgespielt, Geld und Politik gemacht. Und es scheint so, als wäre es eine bestimmte Gruppe, ein elitärer Klüngel, der über unsere Köpfe hinweg bestimmt und das

Un-Heil der Entfremdung immer wieder neu heraufbeschwört. Doch wer läßt diese Leute dort oben sein? Wer gibt ihnen Macht und Einfluß, uns fortzuschicken in die *Fremde?* Wer verleitet uns, ein kümmerliches Ersatzdasein in Wüsten aus Plastik und Beton, im Schatten paradiesischer Verheißung zu fristen?

– Als „Demokraten" wissen wir, es ist das Volk – wir selbst! –, das die Saat seiner Wahl ausgeworfen und nun die „Früchte" zu verantworten hat.

Eine demokratische Regierung ist so gut wie das Volk, das sie gewählt hat. Die Vertreter des Volkes verhalten sich, wie du und ich uns an ihrer Stelle auch verhalten würden. – Auf keinem Schachbrett dieser Welt trägt ein Spieler nicht auch sein Innenleben aus.

Es gibt im Grunde keinen Mißbrauch der Macht. Wo es uns dennoch so erscheint, ist es nur die durchaus rechtmäßige Anwendung dessen, was wir ihr durch das, was in uns selbst nicht stimmt, zugestehen. Wir alle haben mit unserer ichzentrierten Wesensscheu immer wieder teil an der allzeit sich neu ereignenden Vertreibung aus dem Paradies.

Wie die Kinder Israels ziehen wir durch die Wüsten unserer Welt, erschaffen uns allerorten Goldene Kälber als Götzen, profanisieren die hier und da noch vom Himmel fallenden Wunder zu naturwissenschaftlich erklärbaren Ereignissen und schneiden mit einem dummen, zynischen Grinsen auch noch die letzte Verbindung zu unserem Ursprung durch: „Gott ist tot!"

Doch genug davon! – Gäbe es nicht immer wieder den Kampf um das Gute, so säßen wir nicht hier und mühten uns um die Begehbarkeit dieses Weges zu ihm hin. Wir würden weiterhin nach diesem bißchen stofflicher Zufriedenheit streben und die Waffen strecken, durch deren Ge-

brauch wir wieder in den Besitz unseres Mensch-Seins gelangen können.

Was allen in die Kindheit scheint

Sich Ganzes wünschen. Ich schließe die Augen und horche fragend in
mich hinein: ... Was ist mein Leben? ... Worin liegt sein Sinn und
Wert? ... für mich? ... für andere? ... – – Wonach strebe ich? ...
Wenn ich so zurückschaue, in die Vergangenheit hinein: vermochte
ich bisher durch die Erfüllung meiner Wünsche und Ziele meinem
Leben Tiefe und Sinn zu geben? ... Haben sich meine Einsätze ge-
lohnt? – – ... Wohin ziele ich jetzt? ... Was wünsche ich mir? ... – –
Stehen meine Bedürfnisse im Einklang mit denen meiner Umwelt?
... Schließt mein Wünschen auch das Wohlergehen meiner Mitmen-
schen ein? ... Kann ich von meinem Wertempfinden her *Ja* sagen, zu
meinen Plänen, Wünschen und Bedürfnissen? ... Würde mich ihre
Erfüllung meinem *Lebenssinn* näherbringen? ... – – –

Alles Streben und Absichern, jede Ideologie – auch
wenn sie im besten Sinne *gedacht* ist – wird uns von den
großen ethischen und sozialen Zielen fortführen, solange
wir sie nicht in den Zusammenhang damit bringen, daß
wir uns von unserem Ursprung her verwirklichen. Die von
dort wachsende Ganzheit werden wir dann werk-tätig in
unser Leben einbringen.

Es genügt freilich nicht, allein nach innen zu schauen
und zu warten, daß *etwas* geschieht. Doch ebensowenig
nutzt bloßer Aktivismus, denn er läuft sich tot. Vielmehr stehen *Aktion* und *Kontemplation,* Handeln und
Ruhen, Gehen und Stehen, Außen und Innen in Wech-
selbeziehung zueinander. Das eine ergänzt das andere.

Aus der Tiefe heraus wächst die Stärke zur Veränderung; in ihr gründen die Wurzeln wahrer Demokratie und
Menschlichkeit. Packt der Mensch dort unten an und erfährt er seinen Kern, sich selbst, als den, der er ist, so wird

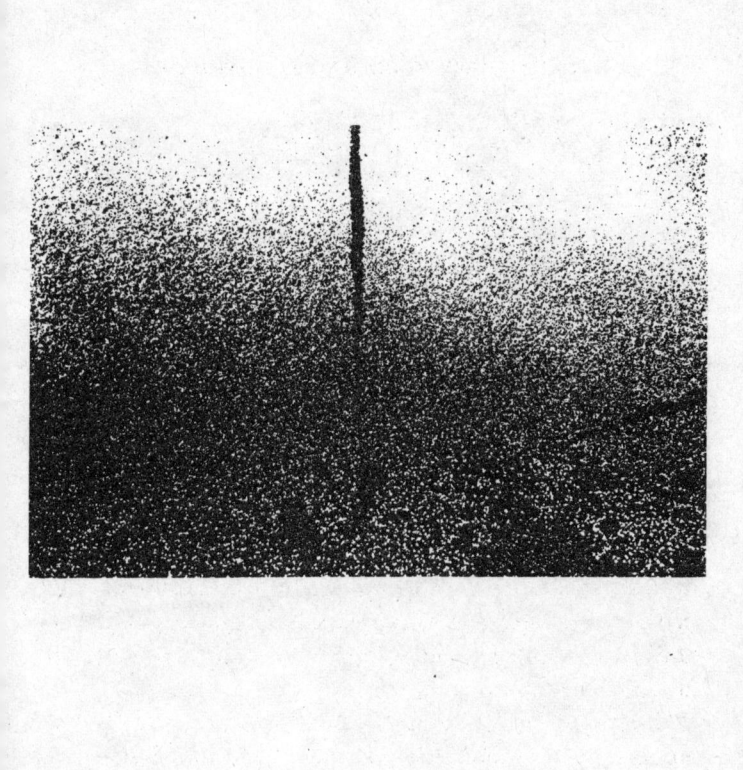

er die Welt in die verwandeln können, die sie vom Grunde
her sein soll.

Und erst dann entsteht dort in der Welt etwas, das – wie
es der Philosoph Ernst Bloch formulierte – „... allen in
die Kindheit scheint und worin noch niemand war: Heimat."[4]

Auf den Spuren des verlorenen Sohnes

„... und er sammelte alles zusammen
und zog ferne über Land;
und daselbst brachte er sein Gut um mit Prassen."

Lukas 15, 13

Der Mann, *dem in seinen jungen Jahren die Berge noch*
Berge und die Flüsse noch Flüsse waren, wohnte damals
noch *daheim.* Es muß ein gutes Leben dort gewesen sein,
mit all dem, was ihm von je her zu eigen war und von seinem Ursprung an zugehörte. Doch irgendwann zog er
dann fort, in die Fremde, verließ seines *Vaters* Haus und
Hof und erkannte schon bald darauf in den *Bergen nicht*
mehr die Berge und in den Flüssen nicht mehr die Flüsse.

Es war nicht so, daß es in der neuen Welt seiner Wanderschaft keine *Berge und Flüsse* mehr gegeben hätte. Sie
waren sicher überall, auch da, wo *Sprache* und *Brauchtum,*
Landschaft und *Leben* dem Wanderer ungewohnt und
fremd erscheinen. –

Die Hoffnung, dort draußen sein Glück zu machen,
muß ihn weit getragen haben. In jedem Leben gibt es immer wieder Anlässe, die dem Irrenden ein Licht aufstek-
ken. Es blinkt und blitzt verführerisch und lockt – und wir
folgen, solange noch Kraft und Mut in uns ist. Sicher
kommen wir hier und da auch einmal an, werden aufge-

nommen und vielleicht sogar besser bewirtet als jener, *„der begehrte, seinen Bauch zu füllen mit Trebern, die die Säue aßen; und niemand gab sie ihm."*[5], doch kaum einem ergeht es anderswo besser als zu Hause.

Der das erkennt, hat bereits einiges durchlitten. – Nur in der Not werden wir uns wieder nach der *Heimat* sehnen.

Wenn jemand so weit ist, daß er nicht länger in der Ferne suchen mag, beginnt der weite Weg *„zurück"*.

Diese Neuorientierung auf den Rück-Weg in seine *Heimat,* den Ort seiner – inneren – Abstammung, wird von den sogenannten „Aufgeklärten" und den psychoanalytisch beeinflußten Wissenschaften oft mit *Regression* gleichgesetzt. Sie halten den Rück-Weg für einen Rückfall auf eine frühere psychische Entwicklungsstufe. – Fälschlicherweise: Sicher kommt es vor, daß Menschen, von Not und Leid in die Knie gezwungen, zurückfallen, zu einem *„Fall"* werden. Man behandelt sie und versucht, sie von ihren „Hirngespinsten" zu „heilen" und sie wieder an die „Wirklichkeit" anzupassen.

Doch einmal abgesehen davon, daß selbst diese *Unglücklichen* – weil dem *Unglück* des Unverständnisses anheimgegeben – der Wahrheit weit näher sind als viele ihrer vermeintlichen Helfer, so liegt für den Gesunden, der sich bewußt für die Umkehr entscheidet, die Sache noch um einiges anders. Er flüchtet nicht vor der Not des In-der-Welt-Seins, sondern er hat sich vielmehr von ihr treffen lassen, ist durch sie hindurchgewachsen – um sie nun *entschieden* hinter sich lassen zu können.

Hier ist es die *Rückbindung,* im Sinne von *religio,* Rück(-)sicht[6]. Zunächst war der Blick nach außen, auf ein vermeintliches Ziel in der Fremde gerichtet. Dann wird er nach innen zurückgenommen, wo die Heimat sich spiegelt.

Die *Nicht-Berge* und *Nicht-Flüsse* haben ihre Schuldigkeit getan. Sie beginnen sich aufzulösen, sind so ungreifbar und abstrakt geworden, daß selbst die verkopftesten unter den *verlorenen Söhnen* (und Töchtern) das Grausen vor diesem *Nichts,* den „schwarzen Löchern" fehlenden Lebens überkommt. – Hier dreht sich um, wer bisher vor sich selber floh.

Doch ist mit dieser *Not-Wende* noch nicht die *Heimat* selbst erreicht. Erst jetzt beginnt der eigentliche Weg, mit seinen Beschwernissen, Fallen und Versuchungen.

Wie der Ochs und sein Hirte

Aus dem alten China ist uns die Geschichte vom Ochsen und seinem Hirten überliefert[7]. Der Hirte hat seinen Ochsen verloren. Er denkt, wo er auch geht, nur an den Verlust. *Beim dürren Baum dort vor dem Felsen* hat er bereits gesucht und auch im *dichtwuchernden, duftenden Gras.* Doch nirgends – *weder im Norden der Berge noch im Süden* – verläuft seine Fährte. *Wie im Neste des Vogels, von Gräsern verdeckt, kreist er um sich in der kleinen Höhle.*

Nah' schon war er oft, doch wenn *seine Füße suchend den Spuren folgen, da gerade ist er am Ochsen vorbei und läßt ihn entkommen.*

Plötzlich jedoch, als er zurückspringt, hat er die Suche einen Augenblick lang vergessen. Und auf einmal ist er auf dem richtigen Weg, jenem *von Helle und Dunkel, auf dem jegliches fortgeht und kommt.* Nun *ist keine Not mehr,* die Natur zeigt sich ihm freundlich, die *Sonne strahlt warm, mild weht der Wind, am Ufer grünen die Weiden.*

Gerad auf des Ochsen Nase stieß des Hirten Gesicht. Nun

braucht er nicht mehr dem Brüllen zu folgen. Die *Suche* ist vorbei. Doch verwildert flüchtet das Tier; *zu heftig ist noch sein Sinn, die Kraft noch zu wütend, um leicht seine Wildheit zu bannen.*

Die *Jagd* beginnt. *Bald zieht der Ochse dahin, steigt fern auf die hohen Ebnen. Bald läuft er weit in tiefe Stätten der Nebel und Wolken und will sich verbergen.*

Aber schließlich siegt der Hirte. *Wo die duftenden Gräser hoch in den Himmel reichen,* hat er den Ochsen gefangen. Noch muß er achtgeben; er darf die Hand nicht vom Zügel an der Nase des Ochsen lassen. Noch oft muß er rasten, *am blauen Fluß und auf grünem Berge.*

Es braucht Geduld und Behutsamkeit, das verwilderte Tier zu zähmen. Doch bald kann der Hirt auf ihm sitzen; der Ochs ist nicht mehr wild. Er geht nun *entlang der vielbefahrenen Straße und wird vom Staub der Pferde beschmutzt.*

Der Kampf ist vorüber. Nun singt der Hirte ein bäuerisches Lied, und *in den fernhinziehenden Abendnebel klingt weit der Gesang seiner Flöte.* Mit der Hand weist er *in die Gegend vorne beim Deich – dort liegt schon die Heimat.* Der Ochse folgt, und *jäh wandelt sich die Weise zum Liede der Heimkehr.*

Hier ist in differenzierter Weise ein Weg beschrieben, wie jemand zu sich selber kommt.

Suchen – Jagen – Fangen – Zähmen . . . – es ist also nicht so, daß man sich irgendwann einmal entscheidet, dann einfach *losgeht* oder *umkehrt* – und bereits dadurch sein Ziel erreicht. Zuvor gibt es noch viel zu tun: man durchläuft den *Prozeß* der Verwirklichung.

Hilfe aus dem „Kopf"

Wir verwandeln uns nicht mit einem Mal; *eine* Erleuchtung macht noch keinen Erleuchteten. Es sind bestimmte Schritte zu *gehen,* bevor wir *ankommen.*

Um *auf dem Weg* zu sein, genügt es nicht, sich auf ihn zu begeben und dann stehenzubleiben oder sich mit dem Menschenstrom treiben zu lassen. Es gibt keinen Fahrstuhl nach oben. Um *voranzukommen,* müssen wir unsere *Beine* gebrauchen – und nicht nur sie: auch *Herz* und *Verstand.*

Vernünftig fühlen und empfinden. Ich denke an einen mir wertvollen Menschen. Wie habe ich ihn kennengelernt? Vielleicht hat sich unsere Beziehung *ergeben* – ganz leicht und fließend. Doch war in ihrer Fortsetzung nicht ein jeder von uns immer wieder einmal aufgefordert, ja, genötigt, von dem eigenen Standpunkt abzulassen und auf den anderen zuzugehen? Und habe ich dabei nicht manchmal auch meine widerstreitenden Gefühle durch *vernünftige* Gedanken unterstützt, ich *müsse* jetzt den ersten Schritt tun. – – – Ich lasse mir weitere Beispiele aus meinem alltäglichen Leben einfallen zu dem Bild vom „richtigen" Einsatz der Vernunft.

Das mag sich nun so anhören, als sei hier auf einmal doch wieder so etwas wie *Wollen, Streben, Machen* mit im Spiel. Ist nicht der Weg das Ziel und damit das Unterwegssein bereits identisch mit dem Ankommen? Hatten wir nicht zuvor unser Augenmerk auf das *Da-Sein* gerichtet, das *Hier und Jetzt,* und wollten wir uns nicht jeglicher Manipulation enthalten, im Vertrauen auf Führung von innen, die uns zur rechten Zeit alle nötigen Impulse geben und die rechte Richtung weisen wird? Vermag sich in meinen Beziehungen – zur Welt, zu den Mitmenschen und zu mir selbst – nicht von alleine die Kraft zur Begegnung durchsetzen? – Muß ich denn wirklich doch noch etwas dafür tun?

Diese Fragen scheinen berechtigt, vor allem, wenn sie jemand stellt, der sich noch nicht auf den Weg begeben hat, oder jemand, der, bereits unterwegs, marschiert und vorangeht.

Die Suche hat noch nicht begonnen

Wer seinen Weg noch nicht gefunden hat, also auf dem Weg zum Weg ist, der darf zunächst einmal hier und dort herumstöbern. Im Grunde vermißt er seinen *Ochsen* noch gar nicht, sondern ahnt nur, daß etwas fehlt. Nun spürt er den Möglichkeiten nach, herauszubekommen, was ihm fehlt.

Das ist eine ganz wertvolle, wichtige Zeit. Noch sind die *Knospen* verschlossen; aber im *Flirren der Luft* kündigt der nahe *Frühling* schon sein Kommen an. Der Mensch in diesem Stadium muß ganz im *Hier und Jetzt* sein, denn nirgendwo anders wird ihm das Bewußtsein des ihm bestimmten Weges aufgehen als in *diesem* Moment und an *diesem* Ort, in der Gegenwart.

Wie wir alle ist im Grunde natürlich auch er bereits *auf* dem Weg. Doch oft haben wir es vergessen oder bemerken es nicht. Dann ist es gut, ein wenig zu verharren, gleichsam einzufrieren, wieder nach unten, zur Erde hinzuspüren und in die Stille hineinzuhorchen, die der Wechsel zwischen den Wandlungen uns gewährt.

Sich atmen lassen. Ich spüre meinem Atem nach. – Ohne etwas an ihm zu verändern, lasse ich ihn aus und ein gehen – wie er will. – – Wenn ich ein Gefühl für seinen Rhythmus bekommen habe, lenke ich meine Aufmerksamkeit auf die Mitte zwischen Aus und Ein, dorthin, wo der Atem bereits gelassen ist, jedoch sein Werden sich noch nicht gestaltet hat. – – –

Hier, in diesem *langen-zeitlos-kurzen-Raum* zwischen Stirb und Werde erahnen wir eine Spur der Kraft, die in jedem *Noch-Nicht* keimt und sich beim nachgebenden Einspüren auf das innere Geschehen dem Erleben offenbart: *Alles wird gut werden – wenn ich auch jetzt noch nicht weiß, wie und wodurch.*

Bevor man auf dem eigentlichen Weg ist, ist es also angebracht, sich treiben zu lassen. Das Leben muß sich erst noch zeigen, der Verlust des *Ochsen* spürbar werden, bevor sich eine Richtung offenbaren und der Wunsch, sie einzuschlagen, sich regen kann.

Auf dieser Stufe geht es um *Erfahrung; sich selbst* darf man sehen, spüren, begreifen. Man tut es allezeit. Doch besitzt man noch kein *Wissen* darum. Auch ein zuweilen sich regendes Ahnen und Erinnern an eine Zeit, in der man sich selbst und das Leben als Einheit erfahren hat, schlummert noch im Dunkel des Unbewußten. Man ahnt schon, aber man sieht noch nicht.

Entwicklungspsychologisch gesehen ist es der junge Mensch, dessen Erwachsensein unmittelbar bevorsteht, sich jedoch noch nicht ereignet hat. Es ist wichtig für den Initianden, noch ein wenig herumtändeln zu dürfen und sich seiner Jugend zu erfreuen. Denn bald wird er sich als der erfahren, der er ist. Und damit stellt sich ihm eine große Aufgabe.

Einweihung in den Augenblick

Der Übergang vom *Kind* zum *Erwachsenen* ist eine der herausragenden, einmaligen Ereignisse im Leben eines Menschen. Was vordem einhüllte und schützte, ist zu eng geworden und wird abgestreift ... – ein Gleichnis, das sich in unzähligen Facetten widerspiegelt. Täglich, stündlich, ja, in jedem Augenblick verwandelt sich unsere Existenz in ein Nächsthöheres, Weiteres.

Nehmen wir nur den allmorgendlichen Beginn. Wir öffnen die Augen, schütteln den Schlaf von uns ab und sind gleichsam noch *Kind* vor dem bevorstehenden Tag, in den wir erst hineinwachsen müssen, immer ein Stückchen mehr. Oder wir essen, verwandeln die äußere Nahrung in etwas Inneres. Auch die Arbeit schenkt uns Erfahrung – wenn wir gelernt haben, selbst in den Kleinigkeiten und Gewohnheiten des täglichen Allerlei noch die Bewegung des Werdens wahrzunehmen. Nichts steht still. – Mit jedem Handgriff und auch in der Ruhe vollziehen sich *Einweihungen in das Leben;* neue Eindrücke werden gesammelt und alte dadurch abgelöst. Jeder Atemzug ist wie ein Geborenwerden. – Das Leben ist voll von Erfahrung; es *ist* Erfahrung und *will* erfahren sein.

Ein *Kind* wächst und erfährt sich darin unmittelbar. Der *Heranwachsende* wird sich dieser Erfahrung bewußt. Er erkennt, daß er selbst es ist, der sein Leben bestimmt und gestaltet. Damit wird er erwachsen. Als *Erwachsener* sollte er diese Erkenntnis in sein Leben einbringen: sie in jedem Augenblick neu und gültig werden lassen und ihr entsprechend handeln.

Das ist die Aufgabe, von der wir sprachen: die Bezeugung der *Erfahrung* im Leben. Doch kaum ein „Erwachsener" wird ihr gerecht. Die meisten formen ihre Botschaft um zur Bestätigung ihres Eigenwillens. Sie machen sich die Erde untertan, ohne bereit zur Gegenleistung zu sein. Und da alles im Leben seinen Ausgleich braucht, ist die Folge ihres Mißverstehens Leid, Schmerz und Unzufriedenheit. Wohl jeder von uns wird es immer mal wieder in mehr oder weniger starken Ausprägungen erfahren haben.

Nur wenige erkennen den *Ochsen.* Er war von jeher *da.* Das *Kind* fühlte sich noch in seinem Besitz. Mit der Erfahrung wurde er für einen Moment sichtbar. Vielleicht hat ihn das Staunen seines *Hirten* verschreckt. Jedenfalls macht er sich zunächst einmal auf und davon. – Nur wer ihm folgt, ist auf dem Weg.

Keine Angst vor Nichts

Wie wir schon sagten, enthält jede nur mögliche Situation die Gelegenheit, die Verwandlung vom *Kind* zum *Erwachsenen* neu zu erleben. Bevor wir uns der Erlebensweise desjenigen, der unterwegs ist, zuwenden, wollen wir in Ergänzung des Vorangegangenen noch einmal ein Beispiel erarbeiten. Es soll helfen, dieses „tänzelnde Bewußtsein" des *Kindes* beziehungsweise des *Noch-Nicht-Erwachsenen* im Alltag zu erkennen.

Betreten wir den Schwebebalken der Phantasie: Nehmen wir an, wir hätten uns für heute etwas Wichtiges vorgenommen ... – was war es doch gleich?

Wir sinnen nach, überlegen und irgendwann hat sich das Suchen derart in uns überspannt, daß wir fast verzweifeln. Die Antwort entzieht sich. Mit unserem Fragen und Suchen geraten wir in eine Sackgasse, die umso enger wird, je weiter wir in sie hineingehen.

Doch wenn wir mitten in diesem Prozeß des Nachforschens für einen Moment verharren, tut sich eine neue Weite auf. Es ist eine Art Leere, Raumlosigkeit, die zunächst einhergehen kann mit einem Gefühl der Resignation: ... *Ich weiß es nicht!* ...

Im allgemeinen werden wir diesem Zustand zu entkommen suchen, indem wir schnell etwas ganz anderes machen. Wir lenken uns von dieser Leere ab, versuchen, sie beiseitezuschieben und auch nicht länger an dem sie hervorrufenden Überlegen festzuhalten. Das ist durchaus eine *„normale"* Reaktion, ähnlich der, die ein „gesunder Erwachsener" zeigt, wenn er im Besitz der Erfahrung seiner selbst seinen Blick auf die „Realität" richtet und sodann das Beste aus ihr herauszuholen versucht.

Wie ist das gemeint? – Betrachten wir zur Verdeutlichung ein Märchenbild. Da ist ein kleines Mädchen, *Rotkäppchen* mit Namen, das soll seiner kranken Großmutter einen Korb mit guten Sachen bringen. Ihr Weg führt durch den dichten Wald. Vielleicht wurde es ihr unterwegs langweilig, oder aber sie bekam ein wenig Furcht. So schaut sie aus nach hübschen Blumen. – Wir alle kennen das ja: Im Mißbehagen ist es hilfreich, etwa ein Lied zu pfeifen oder mit sich selbst zu sprechen. – Rotkäppchen jedenfalls lenkt sich durch die Blumen ab und hat auch gleich eine Erklärung parat: ein Sträußchen für die arme alte Oma. Sie kommt dabei vom Wege ab, gerät tiefer in den Wald und schließlich in die Dunkelheit. Dort begegnet sie dem Wolf, und nachdem er ihr Ziel erfragt hat, macht er sich nun seinerseits auf, der Großmutter einen Besuch abzustatten. Er verschlingt die alte Dame mit Haut und Haaren, legt sich in ihr Bett und mimt dort vor dem inzwischen eingetroffenen Rotkäppchen die kranke Großmutter. Obwohl offenkundig, durchschaut sie die Situation erst, als es zu spät ist; der Wolf fällt auch über sie her und verleibt sie sich gleichfalls ein.

Ohne damit der mythologischen Bedeutung des Märchens gerecht werden zu wollen, läßt sich ein Vergleich zu einer Situation ziehen, in der wir etwas verloren, verlegt oder vergessen haben und nach langem Suchen endlich vor der Länge des sich vor uns auftuenden Weges zurückschrecken oder einfach nur nachlässig die Richtung verlieren. Freilich können wir dennoch etwas finden. Gerade im Loslassen *kann* uns das Vergessene irgendwann, wie von ungefähr, wieder einfallen. Und auch *Rotkäppchen* kommt ja schließlich bei ihrer Großmutter an.

Doch weder sie noch wir sind dabei dem Weg gefolgt. In beiden Fällen von ihm abgekommen, hat sich das Unbewußte der Verirrten bemächtigt. *Sie* hat sich und ihre Geschichte dem Dunklen verraten, ist gleichsam in den *Urschlund* zurückgesunken und mußte so lange dort unten verharren, bis der Jäger sie mit seinem – phallischen – Messer aus der animalischen Höhle befreite; *wir* vermögen den Spannungs-Bogen nicht länger zu ertragen, wenn uns auf unserem Weg zum *Erinnern* das *Weder-Noch* der Leere begegnet.

Im Verzicht auf Ablenkung

Welche Alternativen ergeben sich nun? – Auch wenn es zunächst beschwerlich zu sein scheint, so ist es doch angeraten, *nicht immer* und *nicht sofort* vor den Gebilden auszuweichen, die sich uns in den Weg stellen.

Meist ist es ja gar nicht so schrecklich, was uns da begegnet. Aber gerade auf diesen langweiligen, vielleicht ein wenig unangenehmen, beängstigenden oder bizarren bis verführerisch-schönen Wegstrecken, die im Grunde *nichts Besonderes* – und damit doch sehr viel – zu bieten haben, kann es oft recht anstrengend und zermürbend werden: „... es ist bald *dunkel* und man hat noch kein *Lager für die Nacht;* ... die Sonne scheint so *heiß,* da könnte man sich doch eigentlich ein, zwei Minuten *niedersetzen, ausruhen;* ... in dieser *abartigen* Gemütsverfassung zu verharren, ist wirklich *Zeitverschwendung;* ... ich bekomme sicher *Kopf-*

schmerzen, wenn ich weitermache; ... *warum?; ... wozu?;
... es führt zu nichts; ... morgen ist auch noch ein Tag; ...*"

Wenn uns solche Ausreden einfallen, sollten wir tatsächlich *loslassen,* doch nicht unser Unterfangen – sondern *sie.* Es scheint so, als wollten uns diese „vernünftigen
Überlegungen" helfen; in Wirklichkeit verlängern und er-
schweren sie nur den Weg.

Auf unser Alltagsbeispiel bezogen heißt das: Verzichten
wir darauf, uns abzulenken, und horchen wir weiterhin in
diesen begriffsfreien Bereich hinein, so wird *irgendwann*
das Vergessene *direkt erscheinen;* es offenbart sich in der
Klarheit seiner uranfänglichen Struktur, authentisch, un-
verfälscht durch die Einschränkungen von Wünschen und
Wollen, Phantasien, Ideen und Vorstellungen darüber,
wie es sein muß oder müßte.

Diese *direkte Erfahrung* ist von einer ganz anderen Qua-
lität als der spontane *Einfall.* Er ereignete sich, nachdem
eine Spannung nicht mehr ertragen und losgelassen worden war; von ungefähr ist er in uns *eingefallen,* ohne daß
wir um seine Herkunft wissen oder nur seinen Weg in unser Bewußtsein haben verfolgen können.

Die *direkte Erfahrung* jedoch erreicht uns wach und bewußt. Sie ist inhaltlos, reine Substanz, und enthält doch
die Fülle, weil sie – über alles Seiende hinaus – das Sein
selber ist. In ihr wird uns nicht allein das offenbart, was
wir vergessen und gesucht haben, sondern wir erfahren
das LEBEN, und zwar in dem Sinne, daß wir *uns* darin *begegnen,* seiner direkt, ohne Umschweife, teilhaftig werden, es als Teil unserer selbst, nein, besser noch: *als uns
selbst* erkennen.

Wach sein ist alles

Es ist unfaßbar und im Grunde ein Nichts – oft dauert es nur den Bruchteil einer Sekunde. Doch wenn es geschieht und in seiner Totalität wahr- und angenommen wird, ist es ein *Alles*.

Wie bei allem Echten kommen wir auch hier an die Grenze des Mitteilbaren. Um es jedoch aus dem vagen Raum des Unbezeichneten zu heben, wollen wir mit der folgenden Übung noch ein wenig eine der Bedingungen seiner Erfahrbarkeit konturieren.

Des Öffnens gewahr sein. Ich schließe die Augen und schaue in mich hinein. – In mir ersteht das Bild einer Wiese. – – Es ist ein lauer Sommermorgen, die Sonne steht noch tief am Horizont, und erst langsam erwacht die Natur. – Ich knie vor geschlossenen Blüten. *Gleich* werden sie sich öffnen. – Ich schaue und warte ... – – –

Auf dem Weg zum Weg ist ein jeder von uns *da*. *Irgendwann* spüren wir ihn unter unseren Füßen. Der Zeitpunkt ist ungewiß. Aber wir sind wach und bereit, ihn zu erfahren.

Wo wir jedoch von dem Wege abkommen, verlieren wir unsere Wachheit – und mit ihr uns selbst. Unser Bewußtsein wird eingesogen in die Un-Bewußtheit des Profanen. Das Werden gerät ins Stocken. Wir bleiben stehen, und auch wenn uns *alles* – also auch jeder Aufenthalt – dem „Ziel" näherbringt, so müssen wir doch immer wieder neu dorthin zurückgehen, wo unsere Aufmerksamkeit den Weg verlassen hat.

Jeder neue Anfang führt einen Schritt voran

Wer gegenwärtig ist, es mit jedem neuen Schritt bezeugt und die Einheit seines Seins zur Vielfalt des Lebens bringt, dem genügt es, *unterwegs* zu sein.

Wie der *Heranwachsende* darf auch er sich des *Hier und Jetzt* erfreuen – allerdings mit einer wesentlichen Einschränkung. Der *junge Mensch* spürt vor sich die *Verheißung* des Erwachsenseins. Sie soll ihm erst noch zur *Erfahrung* werden, und er ist mit seinem ganzen jungen Sein auf sie gerichtet. Alles läuft für ihn darauf hinaus, sich ihr zu öffnen. Er bleibt nicht stehen, sondern geht voran.

Der *Erwachsene* dagegen hat bereits *erfahren.* Für ihn steht nun etwas anderes im Vordergrund. Er soll die Erfahrung in sein Leben einbringen, dafür sorgen, daß sie Früchte trägt.

Solch ein Auftrag wiegt ihm oft zu schwer. Sehr leicht gerät er in Trägheit und Unaufmerksamkeit, ganz ähnlich wie *Rotkäppchen,* das sich durch „bunte Blumen" ablenken läßt.

Während jedoch das *Kind* noch un-schuldig ist, trägt der *Erwachsene* für sein Handeln – und Nicht-Handeln – die volle Verantwortung. Wenn er vom Wege abkommt oder auf ihm stehenbleibt, ein Hindernis umgehen will oder gar meint, er sei bereits am Ziel, so ist er weiter denn je von ihm entfernt, und er kann sicher sein, daß ihn über kurz oder lang das Leben selbst zur Rechenschaft ziehen wird.

Er darf sich dort nicht einwurzeln, wo Schwierigkeiten getürmt den Weg verbauen oder auch ein schönes Plätzchen derart lockt, daß jedes Weitergehen unnötige Kraftvergeudung und der Mühe nicht wert zu sein scheint. Denn ob nun aus Angst oder ob aus Überheblichkeit – jedes vermeintliche Angekommensein bedeutet Stillstand, ja, Rückschritt – hier im pathologischen Sinne: Regression.

So müssen wir also differenzieren, zwischen dem zielfreien *Hier-und-Jetzt* und dem gerichteten *Unterwegs-Sein*. Beide Haltungen haben ihre Zeit und ihren Ort. Oft ist es schwer, für sich selbst zu entscheiden, nach welcher Weise wir unser Leben gestalten wollen. Besonders für die Durchführungen unserer Übungen und Meditationen kann es außerordentlich hilfreich sein, die Richtung zu kennen, in der es weitergehen soll.

Wenn wir so weit sind, uns dem zwischenmenschlichen Austausch zu öffnen, dann können wir gemeinsam mit einem Lehrer an den Möglichkeiten arbeiten, zu einer tieferen Einsicht in die augenblickliche Situation zu kommen.

Aller Zweifel, jede noch so kleine Unsicherheit, sollte uns Anlaß sein, unser Tun zu hinterfragen. Wer allein arbeitet, braucht sich nicht scheuen, ruhig noch einmal mit den ersten Übungen zu beginnen. Es ist keine Schande, immer wieder *Anfänger* zu sein.

Tag um Tag ist Übungstag

Die folgende, abschließende Meditation soll uns dort begleiten, wo wir das Gefühl haben, es gehe gut voran.

Im Grunde ist es eine *Übung für alle Tage* und kann also jederzeit durchgeführt werden. Doch wir haben im Vorangegangenen gesehen, wie gerne wir immer wieder aus dem *All-Tag* in eine Welt der Zweckmäßigkeit oder der Wunschträume flüchten. Oft sind wir eigenwillig, träge, nachlässig oder abgelenkt. Dann müssen wir zunächst wieder auf den Weg zurückkommen, um in uns das Bewußtsein zu neuem Leben zu erwecken, daß es allein darum geht, unterwegs zu sein.

Das *Rad der Verwandlung*[8] dreht sich beinahe ganz von allein. Wir fahren auf ihm wie auf einem Karussell mit. Wenn wir unaufmerksam sind, werden wir in unseren bequemen Bleibe-Willen zurückgeschleudert.

Sind wir „drauf", bleibt uns nichts mehr zu tun, als uns von ihm tragen und führen zu lassen. – *Keine Manipulationen! „Gas geben" und „Bremsen" ist nur im äußersten Notfall erlaubt.* – Stattdessen wird es hilfreich sein, uns annehmend und akzeptierend all dem zu *öffnen,* was uns das „Verwandlungsrad" auf seinem Lauf durch die (Lebens)-Zeit erfahren läßt.

JA – nicht in unkritischer oder anbiedernder Weise, sondern offen, verstehend, vorurteilsfrei und gelassen. Wenn wir eine bejahende Grundhaltung einnehmen, können wir, falls es nötig ist, viel eher korrigieren und unter Umständen abweichende eigene Meinungen danebenstellen. Das JA zu üben heißt, sich der uns umgebenden Kraft und Energie zu öffnen, es heißt: zu *lieben.*

Die folgende Meditation also ist eine *Übung der Liebe* und zugleich ein „Lunchpaket", der *Proviant für unterwegs.* – Wir haben sie in neun Schritte unterteilt und sie vier Basisthemen zugeordnet.

a	Das JA fühlen		
b	Das JA denken	I	Die Bejahung als geistig-seelischer Prozeß
c	Das JA atmen		
d	Das JA sprechen	II	Die *Stimmung* des JA bis zum vollen Ton
e	Das JA singen		
f	Das JA bewegen	III	Musikalischer und leibhaftiger Ausdruck des JA
g	Das JA tanzen		
h	Das JA werden	IV	Bejahung als existenzielle Lebenshaltung
i	Das JA sein		

Das JA fühlen. Ich schließe meine Augen und spüre in mich hinein. – Meine Aufmerksamkeit umspielt behutsam den Raum meines Herzens. Dort werde ich ganz und gar anwesend. – *Ich werde ganz Herz.* – – Mit zunehmender Verinnerlichung meiner Aufmerksamkeit gelingt es mir, den ruhigen und gleichmäßigen Schlag meines Herzens wahrzunehmen ... zunächst vielleicht nur vage und eher als Ahnung ... doch bald schon wird aus der Vorstellung ein tatsächliches Spüren ... – – – *Systole* und *Diastole* – mit jedem Zusammenziehen des Herzmuskels sammelt sich meine Aufmerksamkeit in seiner Mitte ... jede Weitung treibt mit dem Blut auch den inneren Energiestrom durch die Gefäße und öffnet meinen Leib für das Leben. – – – Im ewigen *Stirb und Werde* meines Herzschlages fühle ich mich ein in ein tiefes gelassenes Mögen all dessen, was hier und jetzt geschieht.

Das JA denken. Bin ich still, so formt sich in mir ein Gedanke: In stetiger Wiederholung – ... *ja – ja – ja – ja* ... – dehnt er sich behutsam zu einem kontinuierlich lang- und längerwerdenden Gleichklang: ... *jaaaaaaa* ... – – – Tauchen andere Gedanken und Vorstellungen auf, so komme ich doch immer wieder auf diese – gedachte – Kontinuität des JA zurück.

Das JA atmen. Mit jedem Ausatmen lasse ich das JA tief in mich ein. Ich bin dabei ganz locker und entspannt, lasse einfach los und gebe nach unten hin ab: ... *jaaaaaa* ...

Das JA sprechen. Durch die ein wenig geöffneten Lippen dringt ein Ton hervor, der sich nur langsam als JA zu erkennen gibt. – Er ist zunächst nur vielleicht ein anhaltendes, tiefes Brummen aus dem Bauch. Doch schließlich gewinnt er Gestalt, und ich spreche, ausatmend: *JA* ... – (knapp) *Ja!* ... – (längerwerdend) *Jaaaaaa* ... – (rufend) ... (fragend) ... (laut) ... (leise) ... (schnell) ... (langsam) ... – (etwas durch seinen Klang hindurch erzählend) – mitteilend ... verheimlichend ... – – –

Das JA singen. Meine Aufmerksamkeit zentriert sich im Kehlkopf. Gestützt von einer aus dem Zwerchfell emporwachsenden „Atemsäule" beginnt es dort sanft zu schwingen und klingt schließlich wie klarer, heller Gesang: ... *jaaaaaaaaaa* ... – – Wenn ich *meinen Ton* gefunden habe, spiele ich behutsam mit seinen (meinen) Möglichkeiten: ... *wie weit / wie hoch / wie tief / kann ich mich von ihm tragen lassen? ... bin ich noch in ihm – – ist er mir nahe –, wenn ich seine (meine) Farbe variiere und in den Oktaven steigen und fallen lasse? ... Wie leise darf er (ich) sein, ohne ungehört zu verhallen? ... bis wohin reichen unsere Grenzen?* – – –

Das JA bewegen. Zunächst nur in der rechten Daumenspitze bewegt sich das JA: ... *auf und ab ... nach rechts und links ... kreisend ... kreuzend ... unbestimmt ... langsam und schneller* ... – – Nach und nach geht die Bewegung auch auf die anderen Finger über: ... *allein ... gemeinsam ... nacheinander* ... – – Überall wo Bewegung ist, da lebt auch JA. – Es geht auf meinen ganzen Leib über. – – –

Das JA tanzen. Gibt es eine Musik, die ich besonders mag? – Vielleicht höre ich sie mir an und tanze dazu das JA. – – – Oder aber ich schwinge mich auf eine innere Harmonie ein und gebe ihr bejahenden Ausdruck im Rhythmus der Bewegungen meines Leibes.

Das JA werden. In meinem Körper leben Billiarden von Zellen. Jede einzelne ist eine Offenbarung des JA. Im Bewußtsein ihrer Gemeinsamkeit sind sie die Offenbarung meiner selbst. – Ich mache mich auf, einer jeden von ihnen „Guten Tag!" zu wünschen und sie mit in meine Lebendigkeit einzubeziehen.

Das JA sein. ... – – –
(Aus dem Reservoir meiner Erfahrung formuliere ich meine ganz persönliche, ur-eigene Weise, JA ZU SEIN.)

Das JA *fühlen – denken – atmen – sprechen – singen – bewegen – tanzen – werden – sein –* im Grunde gibt es diese Differenzierung natürlich nicht; *vom-Fühlen-zum-Sein* ist lediglich eine Vorstellung, die uns helfen soll, den Fluß der Meditation für einen Moment anzuhalten, um Teile von ihm übend in den Griff zu bekommen. Lassen wir jedoch wieder los, so bleibt nichts davon bestehen. *Es* fließt weiter, wie das *Wasser eines Flusses,* aus einer nie versiegenden Quelle gespeist. Als Element ist es Einheit, ewig und zeitlos, und in der Betrachtung einzelner Tropfen ahnen wir Grenzenlosigkeit: *niemals ist dieses Wasser hier identisch mit jenem, das wir noch vor einem Augenblick dort, an jener Stelle, gesehen haben.* In übbarer Wirklichkeit ist alles wie ein breiter innerer Fluß, etwas ohne Abstufungen und Unterscheidungen.

Doch bedarf es kräftiger „Schwimmzüge", bevor die Mitte erreicht ist und wir uns von der Strömung treiben lassen können. Durch die Bereitschaft zur Differenzierung kann die Fülle des Lebens zum bewußten Erleben werden. Aus dem Chaos der Ununterschiedenheit muß sich einzelnes herausschälen, um dann schließlich im Gefüge der neu zugelassenen Ganzheit sinnvoll seinen ihm zukommenden Platz einzunehmen.

Rückkehr aus der Fremde

„... denn dieser mein Sohn war tot
und ist wieder lebendig geworden;
er war verloren und ist gefunden worden."

Lukas 15, 24

Heimgekehrt ist der Hirte, nun gibt es überall Heimat.

Obgleich er den Ochsen *vom Berge hereinzog, ist er im Stall nicht mehr zu sehen.* Nur vorübergehend hat der Ochs als Wegweiser gedient; er war wie die Not, wie die Sehnsucht, wie ein *Kind,* wie die Verheißung des Werdens, wie die geöffneten Arme des *Vaters,* wie ein Licht in der Finsternis.

Auch *der Mantel von Stroh und der Bambushut,* die der Hirte auf seiner Wanderschaft trug, sind nun nutzlos. – *Es gibt keinen Ochsen mehr.*

Vor dem Tempel leuchtet der helle Mond, und es rauscht der Wind. Die Berge sind wieder zu Bergen geworden. *Grenzenlos fließt der Fluß, wie er fließt.*

Hinweis

Zum vorliegenden Buch gibt es Workshops und Seminare,
wo Sie Ihre Erfahrungen, Einsichten und Übungen auf
dem inneren Weg erweitern und vertiefen können. Wenden Sie sich wegen eines ausführlichen Kursprogrammes
direkt an:

Rüdiger von Roden
Scharnhorststr. 17
3300 Braunschweig

Übungsverzeichnis

Anmerkungen

I. „ALLTAG"

[1] Im *Tao-Tê-King* spricht der chinesische Weise *Lao-tse* von „Himmel und Erde und dem Zwischenraum mit seinen zehntausend Gesichtern" als von einem Blasebalg: „Er fällt nicht ein, ob noch so leer; / Je mehr bewegt, gibt aus er um so mehr *(vgl. 5. Spruch)*.

[2] Vgl. Lindenberg 1968, S. 8

[3] Vgl. Massa 1974.

[4] Vgl. Joh. 7, Vs. 38 f.

[5] Vom griechischen *Christus:* der Gesalbte.

[6] Vgl. Dürckheim 1974.

[7] Spuren der Initiation, der Zulassung zu den esoterischen Mysterien einer Kultur sind auch in den säkularisierten Religionen der Neuzeit noch auffindbar.

[8] s. S. 17.

[9] Vgl. Roden 1974, S. 123 ff.

[10] Die etymologische Bedeutung von *Sorge* weist vom indogermanischen *suergh* über das albanische *suorgiō* und altirische *serg* auf die Zusammenhänge zwischen weltlichem Kontroll-Willen und seelischer Wehr: *Sorge* bedeutet *Krankheit* (serg) – sie steht dem Menschen unserer Zeit im Gesicht geschrieben; die Falten auf seiner Stirn sind kaum mehr nur Zeichen seines Alters, sondern sie bezeugen seine allgegenwärtige Angst, sich selber aus dem Griff zu verlieren, sobald das Leben fordert, loszulassen.

[11] *Ähnlich* hängt mit *Ahn* zusammen.

[12] *Bewußt* kommt von *wissen.*

[13] *Empören* stammt vom frühneuhochdeutschen *entbor*, das über *enbor, bor* und *burian* auf die mittelhochdeutsche Ableitung *burn = erheben* weist.

[14] Vom *Mu* wird gesagt, der chinesische Meister *Joshu* habe damit die Frage eines Schülers beantwortet, ob auch in einem Hund Buddha-Natur wäre oder nicht.

[15] Meister Eckehart; zitiert nach Suzuki 1981, S. 72.

[16] Vgl. Roden 1982.

[17] Vgl. Dürckheim [8]1981.

II. „THERAPIE"

[1] Vgl. Roden 1982.

[2] Kluge 1975, S. 682 f.

[3] A. a. O., S. 431 f.

[4] Der Begriff der *klientenzentrierten* Hilfe wurde innerhalb der Humanistischen Psychologie erstmalig von Carl Rogers eingeführt. Derzeitig setzt er

sich mehr und mehr auch in den konventionellen Therapieformen durch und bereichert deren, vordem meist fallorientiertes Methodenrepertoire um einen wichtigen Aspekt menschenwürdiger Behandlung.

[5] Vgl. Jung 1971.
[6] Vgl. Drewermann 1982.
[7] Das *Tasten und Gestalten mit Tonerde* wurde von dem Pädagogen Heinz Deuser entwickelt und gilt neben dem *Geführten Zeichnen* und der *Personalen Leibtherapie* als wichtigstes initiatisches Medium.
[8] Vgl. Roden 1982, S. 208 f.
[9] Vgl. Dürckheim 1974.
[10] Vgl. Fromm 1976.
[11] Vgl. Roden 1984, S. 73 ff.

III. „MEDITATION“

[1] Vgl. Dürckheim 1982.
[2] Wilhelm 1956, S. 108.
[3] Die angelsächsische Ableitung von *Elend* („in die Fremde verbannt“) verweist auf das Unglück der Heimatlosigkeit. – So war es beispielsweise noch in Island vor wenigen Jahrhunderten Sitte, dem Rechtsbrecher als höchste Strafe die Verbannung, den Ausschluß aus der Gemeinschaft aufzuerlegen. Allein und in der Fremde, unter Menschen mit einer anderen Sprache und anderen Lebensgewohnheiten starb seine Seele einen langsamen „Tod“ – qualvoller als der leibliche.
[4] Bloch 1959, S. 1628.
[5] Lukas 15, Vs. 16.
[6] Das lat. *religio* kann umschrieben werden mit „rücksichtsvolle, gewissenhafte Betrachtung“ (Kluge 1975, S. 596).
[7] Ohtsu 1958.
[8] Vgl. Dürckheim [4]1972.

Literaturempfehlungen

Bloch, Ernst: Das Prinzip Hoffnung; Frankfurt a. M. 1959.
Boeckel, Johannes: Meditationspraxis; München 1977.
Bollnow, Otto Friedrich: Vom Geist des Übens; Freiburg 1978.
Boros, Ladislaus: Befreiung zum Leben; Freiburg 1977.
Buber, Martin: Die Erzählung der Chassidim; Zürich 1949.
Buber, Martin: Das dialogische Prinzip; Heidelberg 1979.
Capra, Fritjof: Der kosmische Reigen; Bern, München, Wien 1983.
Drewermann, Eugen: Tiefenpsychologie und Exegese, Bd. I: Traum, Mythos, Sage und Legende; Olten 1984.
Drewermann, Eugen; Neuhaus, Ingritt: Die Kristallkugel; Olten 1985.
Dürckheim, Karlfried Graf: Der Alltag als Übung; Bern, Stuttgart 1972.
Dürckheim, Karlfried Graf: Vom doppelten Ursprung des Menschen; Freiburg 1973.
Dürckheim, Karlfried Graf: Im Zeichen der großen Erfahrung; München 1974.
Dürckheim, Karlfried Graf: Vom Leib, der man ist; in: Petzold, Hilarion (Hrsg.): Psychotherapie und Körperdynamik; Paderborn 1978.
Dürckheim, Karlfried Graf: Hara – Die Erdmitte des Menschen; Weilheim 1979.
Dürckheim, Karlfried Graf (Hrsg.): Der zielfreie Weg; Freiburg 1982.
Enomiya-Lassalle, Hugo M.: Zen – Weg zur Erleuchtung; Wien 1960.
Enomiya-Lassalle, Hugo M.: Meditation als Weg zur Gotteserfahrung; Köln 1972.
Evola, Julius: Metaphysik des Sexus; Stuttgart 1983.
Frankl, Viktor E.: Das Leiden am sinnlosen Leben; Freiburg 1978.
Franz von Assisi: Geliebte Armut; Freiburg 1977.
Frieling, Rudolf: Christentum und Wiederverkörperung; Stuttgart 1974.
Fromm, Erich: Die Kunst des Liebens; Frankfurt/M., Berlin, Wien 1976.
Fromm, Erich: Haben oder Sein; München 1976.
Gebser, Jean: Abendländische Wandlung; Berlin 1963.
Glaser, Volkmar: Eutonie – Das Verhaltensmuster des menschlichen Wohlbefindens; Heidelberg 1980.
Halbfas, Hubertus: Der Sprung in den Brunnen; Düsseldorf 1981.
Heidegger, Martin: Der Feldweg; Frankfurt a. M. 1953.
Hippius, Maria (Hrsg.): Transzendenz als Erfahrung; Weilheim 1966.
Jaffé, Aniela (Hrsg.): Erinnerungen, Träume, Gedanken von C. G. Jung; Freiburg 1971.

Jung, Carl Gustav: Die Beziehungen zwischen dem Ich und dem Unbewußten; Olten 1971.

Keleman, Stanley: Leibhaftes Leben; München 1982.

Lao-Tse: Tao-Tê-King; Stuttgart 1979.

Lindemann, Hannes: Einfach entspannen; München 1983.

Lindenberg, Wladimir: Mysterium der Begegnung; München 1964.

Lindenberg, Wladimir: Die Menschheit betet; München, Basel 1968.

Lindenberg, Wladimir: Tag um Tag ist guter Tag; München 1976.

Lindenberg, Wladimir: Reise nach Innen; Salzburg 1982.

Lusseyran, Jacques: Das wiedergefundene Licht; Stuttgart 1972.

Massa, Willi (Hrsg.): Kontemplative Meditation; Mainz 1974.

Maslow, Abraham: Psychologie des Seins; München 1973.

Meister Eckehart: Deutsche Predigten und Traktate; München 1979.

Merton, Thomas: Weisheit der Stille; München 1983.

Merton, Thomas: Sinfonie für einen Seevogel; Düsseldorf 1984.

Müller, Rüdiger: Wandlung zur Ganzheit; Freiburg 1982.

Neumann, Erich: Ursprungsgeschichte des Bewußtseins; München 1974.

Ohtsu, Daizohkutsu R. (Hrsg.): Der Ochs und sein Hirte; Pfullingen 1958.

Osuna, Francisco de: Versenkung; Freiburg 1982.

Petzold, Hilarion (Hrsg.): Die neuen Körpertherapien; Paderborn 1977.

Rogers, Carl: Die Kraft des Guten; München 1980.

Roden, Rüdiger von: Heilwerden durch sich selbst; Freiburg 1982.

Roden, Rüdiger von: Aus DIR mach WIR; Freiburg 1984.

Rombach, Heinrich: Leben des Geistes; Freiburg 1976.

Rosenberg, Alfons: Kreuzmeditation; München 1976.

Saint-Exupéry, Antoine de: Der kleine Prinz; Düsseldorf 1956.

Schutz, Roger: Warten auf das Ereignis Gottes; Freiburg 1974.

Schweitzer, Albert: Aus meinem Leben und Denken; Hamburg 1952.

Suzuki, D. T.: Der westliche und der östliche Weg; Berlin 1957.

Taëni, Rainer: Das Angst-Tabu und die Befreiung; Hamburg 1981.

Tietze, Henry G.: Imagination und Symboldeutung; Genf 1983.

Wilhelm, Richard (Hrsg.): I Ging – Das Buch der Wandlungen; Düsseldorf, Köln 1956.

Wunderlich, Stefan: Strukturale Musikarbeit; München 1982.

Zwilgmeyer, Franz: Stufen des Ich; Fellbach 1981.

Rüdiger von Roden

Heilwerden
durch sich selbst

Einführung und Einübung auf dem Initiatischen Weg
Geleitwort von Maria Hippius

Band 995, 224 Seiten

Die initiatische Therapie, von Maria Hippius und Karlfried Graf Dürckheim begründet, will eine Hilfe darstellen, damit der moderne Mensch wieder zu sich selbst
zurückfindet, nachdem die Gewohnheiten der Konsum-
und Leistungsgesellschaft ihn um die heilwirkende Erfahrung seiner Ganzheit gebracht haben. Spür- und Tast-
übungen, meditative Praktiken, Zeichnen, Tanzen, Spielen – auf vielen Wegen kann der Mensch die Einheit von
Seele und Leib, von Sinnlichem und Übersinnlichem wieder erfahren. Eine Auswahl der grundlegenden Übungs-
muster sind in diesem Taschenbuch beschrieben.

Deutsche Tagespost

Herderbücherei

Rüdiger von Roden

Aus DIR mach WIR

Von der Einsamkeit zur Gemeinsamkeit
Praktische Einübungen in die Partnerschaft

Band 1147, 160 Seiten

Der Autor legt mit diesem Buch ein Werk vor, welches praxisorientiert durch seine Arbeit als Leiter von Seminaren für Selbsterfahrung und Meditation entstanden ist. Bereits mit dem Titel wird ausgedrückt, daß es über die Beziehung zu sich selbst zur Beziehung zum Mitmenschen geht. Die Übungen sind in einzelnen Schritten aufgebaut und eignen sich für die Arbeit an sich selbst, zumal der Autor Tips für den äußeren Rahmen gibt. Das Buch ist als Einstieg in die Initiatische Therapie gedacht, sowohl theoretisch wie auch praktisch.

„Krankenpflege", Frankfurt

Ein großartiges Buch mit vielen praktischen Einübungen zur Partnerschaft für den einzelnen.

Publik-Forum

Herderbücherei